El Lenguaje del
PERDÓN

El matrimonio es el arte de aprender a vivir juntos

SIXTO PORRAS

WHITAKER
HOUSE
Español

Editado por: Ofelia Pérez

El lenguaje del perdón
El matrimonio es el arte de aprender a vivir juntos.
© 2016 por Sixto Porras

ISBN: 978-1-62911-687-7
eBook ISBN: 978-1-62911-688-4
Impreso en los Estados Unidos de América

Whitaker House
1030 Hunt Valley Circle
New Kensington, PA 15068
www.whitakerhouseespanol.com

Por favor, envíe sugerencias sobre este libro a:
comentarios@whitakerhouse.com.

4 5 6 7 8 9 10 11 **LU** 22 21 20 19 18

DEDICATORIA

Dedico este libro a Helen, mi esposa. Durante más de treinta años hemos compartido experiencias maravillosas. Juntos hemos tenido el privilegio de criar, educar y formar a nuestros hijos Daniel y Esteban. He visto a Helen sacar lo mejor de mí. Es su forma de ser, su fe en Dios y su constancia lo que nos ha permitido disfrutar el camino recorrido. Gracias por ser mi mejor amiga, por inspirarme, y por permitirme vivir a tu lado experiencias inolvidables.

Este libro es posible gracias al trabajo incansable de mis compañeros en *Enfoque a la Familia*. El espíritu de excelencia que imprimen en todo lo que hacen me desafía. Reinventarnos constantemente para estar acorde con los cambios tecnológicos, y el deseo de ayudar a las familias a mejorar nos permite extender una mano a miles de personas a través de los programas de radio, las redes sociales, el sitio de Internet, las publicaciones, y los seminarios que se imparten en toda Iberoamérica. Gracias por ser como son, y por compartir conmigo la pasión que nos inspira.

Dedico este libro a las personas que nos dan su confianza al escribirnos a *Enfoque a la Familia* compartiendo sus historias, sus dolores y sus inquietudes. Deseamos servirles de la mejor forma posible. Ustedes nos inspiran, y deseamos estar a su lado en la misión de edificar su familia. Gracias por la confianza que depositan en nosotros. Seguiremos sirviéndoles cuando nos escriban a ayuda@enfoquealafamilia.com

Agradecimientos

Agradezco a Dios por ser mi roca, mi refugio y mi Salvador, porque todo lo que soy y lo que hago es gracias a Su favor. Fue a los 18 años que le entregué mi vida a Él, y desde entonces ha sido una aventura maravillosa donde la fe, la esperanza y el gozo han sido fruto de Su amor y misericordia. Nada de lo que hago sería posible si Su gracia no me hubiese alcanzado. Todos los días agradezco a Quien me dio la vida, y eso me nutre de fuerza y ánimo.

Agradezco a Xavier Cornejo, Director de Whitaker House Español, por animarme a escribir lo que me ha escuchado exponer en varios países. Sus palabras y su estímulo han hecho posible este libro.

Gracias a Ofelia Pérez; su magnífico trabajo como editora ha permitido que las ideas tomen forma, y todo esté en su lugar.

Es genial trabajar con personas que nos ayudan a crecer.

CONTENIDO

Prólogo

Aunque el amor es algo hermoso, y el matrimonio es una bendición de Dios, no hay tal cosa como un matrimonio perfecto porque ¡no hay personas perfectas! Nadie es perfecto. De hecho, yo defino el amor como un compromiso incondicional con una persona imperfecta.

Ya que nadie es perfecto excepto Jesús, tenemos que estar dispuestos a perdonarnos el uno al otro para vivir en paz y en armonía. El divorcio es, con frecuencia, el resultado de uno o dos cónyuges que no están dispuestos a perdonar al otro. Perdonar es parte de amar. Dios nos ama, y nos perdona. El perdón abre y hace libres las relaciones.

Un increíble poder de restauración se inicia cuando perdonamos. Aunque podemos pedir perdón y recibirlo bastante rápido, el perdón es, honestamente, un proceso. Cada vez que recuerdas la ofensa que la otra persona te hizo, te vas a enojar otra vez. Tienes que confesar conscientemente y recordarte a ti mismo que ya perdonaste esa ofensa. Con el tiempo, los recuerdos de las ofensas que te hicieron serán menos y menos.

La restauración también es un proceso. Aunque una persona pueda expresarte perdón inmediatamente, restaurar la relación requerirá tiempo. Lo que ocurre generalmente con el tiempo es que la confianza se va reedificando. A medida que la otra persona testifica un progreso tangible en un tiempo razonable, gradualmente reedifica la confianza.

Yo seré el primero en admitir que el perdón no es fácil. Necesitamos la ayuda de Dios para sanar la herida y la amargura de nuestro corazón. Aún cuando Jesús colgaba de la cruz, Él tuvo que pedirle a Dios que perdonara a las personas que lo pusieron allí injustamente porque no sabían lo que hacían (Lucas 23:34). Jesús no dijo: "Yo te perdono". Jesús dijo: "*Padre, perdónalos*". De manera similar, tenemos que pedirle a Dios que perdone a aquellos que nos han ofendido. Entonces Dios nos usa como vasijas a través de las cuales fluye el perdón, pero es Dios quien está perdonando a través de nosotros. Cada vez que perdonamos a otros, expresamos la naturaleza de Dios.

Mi amigo Sixto ha escrito una guía clara para ayudarte a navegar la trayectoria de la vida hacia el perdón y la restauración. Sus principios son simples, pero no son fáciles. A medida que los implementes, descubrirás una gran libertad y paz interior. Sí, el perdón es un regalo que les das a otros, pero te beneficia más a ti. Prepárate para un viaje increíble bajo la gracia, que produce el perdón trayéndote paz, libertad y gozo. La verdadera ayuda está a tan solo unas páginas de distancia.

–Obispo **Dale C. Bronner**, D.Min.
Fundador y Pastor principal *Word of Faith Family Worship Cathedral*, Atlanta, GA.
Autor del libro *Cambie su trayectoria*

INTRODUCCIÓN

El enamoramiento despierta el amor, pero no es suficiente para que el amor crezca y permanezca en el tiempo. Se necesita conocer qué es lo que nos está ocurriendo, y desarrollar la habilidad necesaria para hacerlo crecer, porque el amor será amenazado por enemigos que estarán presentes en cualquier relación: la desilusión, la costumbre, la interferencia de los suegros, y las heridas del pasado, entre otros. Frente a esos momentos difíciles, solo el perdón y la habilidad de interpretar correctamente lo que nos está ocurriendo nos permite superar las crisis y salir más fortalecidos.

Sí se puede edificar un matrimonio emocionante, lleno de alegría y capaz de enfrentar los momentos difíciles. Es por escuchar a cientos de personas y leer las historias que nos escriben a *Enfoque a la Familia* que he decidido escribir este libro, que pretende ayudar a superar los desafíos que vive todo matrimonio. Creo que somos capaces de vivir una relación saludable, y terminar más unidos que nunca.

No se rinda. Si lucha por alcanzar la paz interior, comprende cómo hacer crecer el amor, y toma la decisión de superar las crisis del camino, podrá construir una relación sólida con la persona que más ama, lo que traerá paz y armonía a su hogar.

Ponga atención a este recuento.

Ellos se casaron entrados en años, él viudo y ella soltera (nunca se había casado). Al preguntarles si les fue fácil, ella respondió sonriendo: "De ninguna manera. Al principio lloraba porque no comprendía muchas cosas, pero con el tiempo nuestro amor fue creciendo, y disfrutamos la compañía el uno del otro. Aún cuando él llora recordando a su primera esposa que murió hace varios años, lo hacemos juntos, porque ella fue una gran mujer. Bueno, es que el amor consiste en llorar con la persona que amas y eso te acerca a ella".

Cuando uno observa este matrimonio, no deja de admirarlos porque inspiran. Uno está frente a un caballero y a una gran dama. Fue entonces cuando comprendí que si queremos hacer crecer el amor, debemos convertirnos en caballeros que honran, y en damas dignas de admiración.

Este libro se inspira en historias reales que han sido modificadas para proteger la privacidad de las personas que las han escrito. Pero si se parece a su historia, no es casualidad, porque muchas personas viven las mismas realidades.

Espero que al recorrer estas páginas, podamos identificar lo que nos puede estar deteniendo en la vida y robando la capacidad de amar; que soltemos las amarras del pasado y vivamos el presente a plenitud. Porque amar y ser feliz es posible.

PARTE I

Los enemigos del amor

Capítulo 1

La "normalidad" del matrimonio

"El respeto es la capacidad de discutir sin herirnos,
diferir sin subestimarnos y saber que podemos
expresar nuestros sentimientos sin temor."

Permítame describir lo que viven la normalidad de las parejas. En medio de una discusión, uno de los dos se siente herido, lastimado, humillado y menospreciado. No soportan una tensión o una diferencia de criterio, por lo que uno de los dos abandona el barco bajo el pretexto de que se sintió herido. Lo más lamentable es que en muchos momentos, la ofensa y la palabra fuera de lugar se guardan hasta convertirse en resentimiento. El resentimiento es ese dolor que se guarda más de la cuenta, se vuelve a ver en la mente, y estimula la imaginación. Reacciona en cadena a las heridas del pasado, activa la indiferencia, y se instala en el corazón hiriendo las relaciones porque despierta el deseo de venganza.

Ofendemos cuando humillamos o lastimamos el amor propio de nuestro cónyuge. Las ofensas siempre tienen la intención de herir. Por eso las ofensas no son "inocentes", y tienen un poder de destrucción masiva en las personas y en la relación. Puede que hayamos ofendido sin darnos cuenta, y normalmente lo hacemos costumbre si no asumimos conciencia de que estamos ofendiendo.

Es fácil ofender cuando venimos de una familia donde las ofensas se volvieron lo normal, y esto nos convirtió en personas insensibles. Al casarnos podemos estar transfiriendo estas conductas y no nos hemos dado cuenta, hasta que nuestro cónyuge nos indica que le ofendemos cuando lo hacemos. Esto implica que debemos cambiar para mejorar nuestra relación.

Ofendemos con palabras, gestos, o hechos. Ofendemos cuando nos reímos de nuestro cónyuge en público, o en privado. Ofendemos cuando menospreciamos la inteligencia o las emociones de nuestro cónyuge.

Las ofensas pueden convertirse en heridas emocionales cuando no expresamos el dolor que nos produce la conducta de nuestro cónyuge. Pueden además convertirse en lo normal si no las detenemos. Exprese sus sentimientos cuando se siente ofendido, pero hágalo con respeto, y con la intención de generar conciencia del dolor que experimenta. Todos fallamos y también nos sentiremos ofendidos en algún momento. Por eso debemos hablar del tema para que superemos lo que nos está lastimando.

Las ofensas nos hacen sentir menospreciados, humillados, subestimados, y duelen más porque vienen de la persona que nos ama. Si no superamos el ambiente de descalificación y de ofensas, podemos caer en la trampa de hacer lo mismo, y de esta forma nos vamos distanciando el uno del otro.

Cuando una persona ofende, podría haber un corazón herido, o un niño lastimado que ha crecido y no superó las humillaciones que enfrentó al crecer. Por otro lado, podríamos estar reaccionando con odio, resentimiento y frustración. Si reconocemos que todos fallamos, y estamos dispuestos a cambiar, podríamos generar un espacio para disculparnos y perdonarnos, lo cual establece un escenario propicio para establecer un nuevo ambiente en la familia.

El manejo adecuado de la ofensa

En los momentos difíciles, no abandone el barco. Baje la intensidad de las emociones, respire profundo, valore todo el camino que han recorrido juntos, y piense en las consecuencias si deja que el rencor, el enojo o la frustración se apoderen del ambiente. **Enfríe los sentimientos, decida retomar el diálogo,** discúlpese si no lo hizo bien, espere a que su cónyuge ordene sus emociones, y dé el espacio necesario para que se sienta mejor y puedan hablar. Se darán cuenta que no fue tan grave, porque el amor que se tienen es más fuerte que el momento, y que la diferencia de opinión o el enojo que sintieron.

Un error que cometemos es alejarnos, y dejar que el sentimiento negativo crezca. Ligamos este episodio a otros momentos similares, y nos cargamos de pensamientos que nos parece que hacen justicia a nuestro corazón herido, pero lo único que logran es enojarnos y alejarnos más.

> *En los momentos difíciles, no abandone el barco.*

Cuando no regresamos para dialogar, esto se convierte en una barrera que nos separa. No podemos perder tiempo en creer que hacemos justicia castigando con el silencio, gestos que lastiman o recriminando la actitud de nuestro cónyuge. Lo ideal es tomar distancia por un momento, enfriar el enojo, regresar para hablar, dejar la sensibilidad a un lado, y pedir disculpas el uno al otro. Esto nos permite recuperar la confianza, la cercanía y la alegría en la relación.

No acumule enojo y resentimiento. Si lo hace, produce un efecto efervescente y, cuando explote, podría hacerlo equivocadamente, con palabras que hieren y lastiman en nombre de la "sinceridad". Esta reacción solo va a producir heridas que les dividirán más. Por cierto, esto no tiene nada que ver con la sinceridad, porque la sinceridad está ligada a la habilidad de expresar con respeto lo que pensamos y sentimos, mientras generamos el espacio para que la otra persona pueda hacer lo mismo. Hablar con enojo hiere y nos distancia.

Si no logran controlar esos momentos de enojo al enfrentar una diferencia, es mejor que busquen ayuda profesional para que les ayuden a establecer una estrategia que les permita resolver las diferencias saludablemente.

Muchas veces herimos porque estamos cansados, con sueño, estresados, o hemos acumulado tensión y resentimiento. La solución no es sacar todo nuestro enojo en un momento de frustración. Es atenderlo individualmente hasta encontrar la paz y recuperar el equilibrio emocional. Esto nos guía al perdón y a la reconciliación.

El perdón es un proceso que vivimos individualmente, donde dejamos sin efecto las heridas del pasado que han provocado dolor. Porque nos duele lo que ocurrió en el pasado es que necesitamos perdonar y arrancarlo de nuestras vidas, todo con el propósito de sanar nuestra convivencia. Tenemos que traer paz, alegría y esperanza a nuestras vidas para poder compartirlo con los que más amamos. Esto se logra perdonando las cosas que aún nos duelen. Si alcanzamos esta paz, producto de que hemos perdonado, podremos exponer nuestro punto de vista sin herir, y traemos cercanía en lugar de distanciarnos más. Otorgamos el perdón porque necesitamos paz en nuestras emociones, no porque la otra persona cambió o nos pidió perdón primero. El perdón libera el corazón de la prisión del resentimiento, lo cual abre la puerta hacia la estación de la paz.

> *Lo importante no es tener la razón, sino valorar la relación.*

Hay momentos donde lo ideal es tomar distancia aunque nosotros estemos listos para hablar. Pero si la otra persona no lo está, no debemos forzar un diálogo que nos va a lastimar. Espere el mejor momento; tranquilo, privado, con suficiente tiempo para dialogar, ordene sus pensamientos, controle sus emociones y entonces hable. Genere el espacio para que su cónyuge pueda hacer lo mismo. Si no comprende algo, pregunte; no se defienda, escuche. En ese momento lo importante no es tener la razón, sino valorar la relación.

El orgullo debe dar paso a la humildad, la intolerancia al diálogo respetuoso, y la indiferencia al perdón. Se logra cuando valoramos la relación y apreciamos lo que hemos construido juntos. Pero también cuando hacemos prevalecer el respeto, la consideración, la admiración, y la humildad.

Por eso, no importa quién gane, lo importante es que logramos expresar con respeto lo que sentimos. Aprendí de mis queridos amigos, Jimmy y Aída Cornejo, que **cuando uno de los dos gana, ambos pierden, porque no se trata de competir, sino de complementarse, amarse y ayudarse mutuamente.**

———

Si aprendemos a tener diferencias sin herirnos, hemos avanzado en poner un buen fundamento en nuestra relación, por eso:

- No deje que el enojo se acumule. Hable lo más pronto posible.

- Enfríe sus emociones antes de hablar.

- Respete la opinión de su cónyuge.

- No imponga su criterio, solo exprese lo que piensa y siente.

- No saque temas viejos; esos ya quedaron en el olvido. Enfóquese en el tema en discusión.

- No ataque a su cónyuge. Limítese a conversar sobre el tema.

- No menosprecie la inteligencia, las emociones o los argumentos de su cónyuge.

- Decidan crecer en cada situación que vivan como matrimonio.

- Decidan que resolverán el tema en discusión.

- Nada será una razón para divorciarse.

- Si no pueden resolverlo solos, busquen ayuda.

Capítulo 2

"No pasa nada"

*"El amor es el arte de construir juntos
en una misma dirección."*

Al final del capítulo anterior mencioné a unos amigos a quienes estimo mucho: Jimmy y Aída. Sus vidas me han impactado, y entre más les conozco y observo, más les admiro. Son mi inspiración, y creo que como matrimonio han descubierto algo que debe ser compartido.

Ellos son fáciles de amar porque tienen un impresionante don de gente. Lideran una comunidad cristiana, son escritores, conferencistas internacionales, padres y abuelos. Tienen una familia hermosa, y siempre están publicando todo lo que hacen con su familia. Las fotos de Jimmy cocinando son fantásticas. No solo son las mejores recetas, sino que tienen la mejor presentación. Parecen ser de uno de los restaurantes más finos, y todo para su familia. También publican fotos jugando con sus nietos. Son realmente fuente de inspiración.

Tienen una aguda visión de todo lo que ocurre a su alrededor y, sobre todo, aman a Dios apasionadamente. Sus vidas al principio de su matrimonio fueron muy tormentosas hasta que las rindieron a Dios, y han visto el fruto de todo lo que han sembrado.

Jimmy y Aída se han convertido en mis amigos. Hemos compartido experiencias inolvidables en diferentes países, y les he visitado en muchas ocasiones. Siempre que estamos juntos en alguna conferencia queremos comer juntos, y hablar de todo lo que estamos viviendo. En esos momentos especiales cuando la conversación avanza, es fácil verles discutir porque como en todo matrimonio, las cosas tienen dos puntos de vista. Es común que discutan no solo mientras conversamos, sino mientras dan una conferencia ante miles de personas. Se interrumpen, se corrigen en público, se regañan, y al minuto siguiente, todo sigue como si nada pasara.

> *En todo matrimonio, las cosas tienen dos puntos de vista.*

Estábamos juntos en un restaurante, y ese día las diferencias parecían muy frecuentes. Discutieron y se corrigieron varias veces, pero entre ellos parece que no pasa nada. Al minuto siguiente sus vidas siguen con la misma calidez y amor de siempre. En un momento de la conversación quedé sorprendido porque la discusión subió de tono, pero al segundo siguiente estaban como si nada hubiese pasado. Ninguno se resintió, ninguno reclamó, y logré observar que realmente no pasa nada. Ninguno se sintió menos, o menospreciado. Simplemente discutieron, expusieron sus puntos de vista, debatieron sobre sus diferencias, pero no pasa nada. Esto me indica que la relación es sólida, y el amor es fuerte.

Yo estaba realmente inquieto, porque lo que estaba viendo no es normal. Si una pareja discute de esa forma, al final uno de los dos se siente mal, incómodo, molesto, herido y resentido. Esa ofensa se guardará por días y semanas, hasta que un día él o ella le dirá cómo se sintió. Otra pareja le reclamaría en privado que le expuso en público, que no le gusta que le corrija frente a otras personas, o le va a expresar que cuando está hablando, no le gusta que le interrumpa. Cualquier pareja terminaría herida y lastimada, pero entre mis amigos realmente no pasa nada. Se siguen amando, respetando y admirando como lo hacen siempre.

Mi sorpresa es esa: discuten, argumentan, tienen puntos de vista diferentes, y no pasa nada. La relación sigue fuerte, estable como siempre, y no los veo reclamándose a partir de susceptibilidades, o heridas. Sus vidas son transparentes en una dimensión superior al promedio de las personas. Son personas extraordinarias, fascinantes, agradables; líderes de gran influencia, visionarios, y apasionados por la causa de la familia. Enseñan con gran pasión a mujeres, hombres, matrimonios, jóvenes y niños. Sus hijas y su hijo sirven al Dios que ellos sirven, y aman al Dios que ellos aman. Sus tres hijos son extraordinarios, con una habilidad de liderazgo que es indiscutible. El amor que se tiene esta familia es envidiable, y es una fuente de inspiración porque son personas maravillosas.

Pero… ¿realmente no pasa nada? Esta era mi pregunta, y en una ocasión les pregunté al respecto, y es cuando ella admitió que sí duele. "Claro que duele que te levanten la voz, duele que te contradigan en público, duele que no se disculpen cuando sientes que te han lastimado. Claro que duele, pero hemos aprendido que así somos. Yo no lo voy a cambiar, y él no me va a cambiar, por lo que hemos decidido aceptarnos, y esto es lo que hace la diferencia. Él no me hiere intencionalmente, y yo no lo expongo intencionalmente. Simplemente hemos aprendido a respetarnos, y es entonces cuando no pasa nada, porque sé que me ama."

La conversación prosiguió. Yo hice más preguntas porque quería llegar a lo más profundo que pudiera para aprender de mis amigos, y ella añadió. "Cuando me siento muy herida, le digo en privado que me dolió mucho lo que me dijo. Pero normalmente no es lo que me dice, sino la forma en que me lo dice." Fue aquí cuando comprendí que son personas normales, sensibles, y que en privado se expresan lo que sienten, lo que duele, pero tienen un nivel de tolerancia superior. No solo eso, sino que tienen una comprensión profunda de lo que es el amor: esa capacidad de aceptarnos, apreciarnos, y de admirarnos. No son personas perfectas, y no tienen una convivencia perfecta, pero ¿quién la tiene? Por lo tanto, son personas sujetas al error, que han aprendido a aceptarse tal cual son y sobre todo, se aman.

Sí, en algunos momentos nos vamos a herir, a equivocarnos, y muchas veces tendremos que pedir perdón y perdonarnos. Mis amigos subieron el estándar porque se conocen y se aceptan, porque se equivocan y se perdonan, pero sobre todo, se aman, y esto hace una gran diferencia en la relación. Cuando hay amor hay buenos frutos, y lo evidencian sus hijos. El amor no significa perfección; significa admiración, respeto, tolerancia, aceptación, comprensión y, por lo tanto, es una relación que se extiende en el tiempo.

> *El amor no significa perfección; significa admiración, respeto, tolerancia, aceptación, comprensión y, por lo tanto, es una relación que se extiende en el tiempo.*

¿Pueden todos los matrimonios tener este tipo de convivencia? No, definitivamente no. Ellos pueden ser así porque tuvieron familias de origen que les formaron de esta manera y al encontrarse, supieron construir la química correcta. No podemos pretender creer que todos somos capaces de soportar lo mismo. Bueno, debo hacer una confesión. Quise preguntarme si podría soportar algo así, y concluí que no podría; me dolería mucho. En algunos momentos me he inspirado en mis amigos, y me digo a mí mismo, "no pasa nada", y pienso en ellos. Esto me ha permitido comprender que realmente no pasa nada, que esta emoción lastimada pasará pronto, y que lo que ocurrió es una forma de ser; no la intención de herirme.

¿En qué tipo de familia quisiera vivir?

Me pregunto, ¿en qué tipo de familia quisiera vivir? Creo que todos anhelamos alcanzar un nivel de madurez que nos permita expresar nuestra opinión libremente, donde el respeto reine, pero también reine la libertad para diferir, opinar, discutir y argumentar, y que en medio de todo esto, "no pase nada". Para llegar a este nivel se requiere tener sano el corazón: donde ambos estemos seguros de que el amor que nos une es mayor que nuestras diferencias; donde el compromiso es mayor que nuestras susceptibilidades; donde ninguno tenga que fingir para no herir al otro; y donde el respeto sea tal, que ambos podamos ser nosotros mismos en presencia de nuestro cónyuge o en su ausencia.

Cada familia tiene su propio ritmo, su propia forma de ser y su propia personalidad. Como tal, tiene su propia medida para saber qué se puede tolerar y qué no. No podemos imponer un modelo de conducta para cada familia, pero sí tenemos que recorrer el camino del perdón para sanar las heridas del pasado, y así facilitar las relaciones en el presente.

Cuando aceptemos que somos diferentes y únicos nos será más fácil armonizar nuestra convivencia. Lo ideal es procurar vivir en un ambiente de armonía, donde nos sintamos en la libertad de expresar lo que sentimos y pensamos, sin censura, sin miedo y sin angustia. Para lograrlo debemos iniciar un diálogo profundo como matrimonio, de tal forma que ambos nos sintamos cómodos en la forma en que nos comunicamos.

Todo matrimonio tiene un cierto grado de temor a la reacción de su cónyuge, porque en el mejor de los casos no quiere herir u ofender. A la vez uno se pregunta cómo va a reaccionar. Es crecer en la habilidad de conocernos lo

> *Tenemos que recorrer el camino del perdón para sanar las heridas del pasado, y así facilitar las relaciones en el presente.*

que nos permite saber cómo va a reaccionar, y cómo le gusta que le digamos las cosas. Definitivamente todos debemos crecer en nuestro nivel de tolerancia, porque la convivencia y la cercanía harán que tengamos roces, diferencias, y momentos emocionales difíciles.

Permítame ilustrar cómo todos vamos comprendiendo que la vida es así, y que tenemos que madurar. Esta experiencia no tiene nada que ver con el matrimonio, pero puede ayudarnos a comprender este tema.

La vida es así y no pasa nada

Estaba viviendo un momento difícil producto de que una persona a quien había ayudado me estaba demandado judicialmente por algo que no era cierto. Él sabía que no era cierto, pero tuvo una diferencia conmigo, y utilizó la situación como un instrumento de venganza. Pasé noches en vela, lloraba en silencio, no comprendía la razón por la que me hacía esto. Esto implicaría pagar abogados, y gastar un dinero que no teníamos. Era injusto lo que estaba ocurriendo, pero no solamente era injusto; era doloroso.

En esos días tenía la reunión de directores regionales de *Enfoque a la Familia*. Estaban reunidos mis amigos, las personas con las que comparto la visión que nos inspira, los que han estado en mi casa, con los que hablo cada mes. Son amigos, nos emocionamos al encontrarnos. He visitado sus países, sus casas, conozco a cada una de sus familias. Hemos estado juntos en momentos difíciles. Nos hemos prometido lealtad, compañerismo y amistad mil veces. Llegó el momento cuando me tocó exponer lo que estábamos viviendo en la oficina que dirijo. Luego de exponer un reporte de las cosas buenas que estábamos viviendo, hablé del dolor que estaba experimentando por la situación en particular. Fue entonces cuando dije para mis adentros: "Es el momento de hablar lo que no puedo hablar con nadie, lo que pocos comprenderían. Es el momento de abrir mi corazón con mis amigos".

Comencé a exponer lo que estaba pasando. En ese momento se quebró mi voz, y lentamente se mojaron mis ojos. Para mi sorpresa, todos ellos estaban tranquilos, como quien escucha llover, o una historia más. Fue cuando reaccioné sin pensarlo dos veces, y me di cuenta que estaba en un escenario nuevo para mí. Yo esperaba que me abrazaran, oraran por mí, me dieran un voto de apoyo, se identificaran con mi dolor, y lo que ellos no saben, es que muy pocas veces me salen lágrimas y en ese momento lo estaba viviendo. Para mí, estaba viviendo un momento íntimo con mis amigos. Para ellos, era una situación normal; es lo que viven siempre en otras dimensiones. Con el paso de los años, debía comprender que es normal enfrentar situaciones difíciles. No les sorprendió, no se asombraron, sí se identificaron con lo que vivía, pero no fue algo extraordinario.

Fue ahí cuando comprendí que mi situación es lo que todos viven en lo cotidiano, que es normal pasar situaciones como estas, que es lo que tiene que experimentar todo líder. Fue entonces cuando me di cuenta que "no pasa nada"; simplemente son piedras del camino que forman el carácter y nos acercan a Dios.

Ese día maduré; "no pasa nada". Simplemente es parte de caminar por el sendero del servicio a los demás. Es un momento para refugiarme en Dios, es un dolor que se supera, y al otro lado saldré más fortalecido. Comprendí que madurar requiere valentía y humildad; que hay cosas que se lloran en silencio y se enfrentan dependiendo de Dios, que los obstáculos son la mejor oportunidad para crecer.

Bueno, al final de la reunión, nadie dijo nada, y sus rostros me decían: "Acostúmbrate, así es la vida". Hoy las cosas me duelen menos, y quiero pensar muchas veces que "no pasa nada". Solo es un tiempo para enfrentar el reto con valentía y dependencia de Dios.

> *Madurar requiere valentía y humildad.*

Compartí lo que he aprendido de Jimmy y Aída con un grupo de amigos, y uno de ellos le reclamó a otro que no le escribía lo suficiente. Mi amigo respondió: "Muchas veces no quiero escribir, pero te lo digo con sinceridad, 'no pasa nada', solo que no quiero escribir, pero te estimo igual, y espero que no te resientas, yo soy así". De verdad "no pasa nada". Ellos son muy buenos amigos, y al verlos me doy cuenta que de verdad no pasa nada. Por lo tanto, donde quiera que existan seres humanos hay reacciones diferentes, interpretaciones distintas, y formas de encarar la vida de manera particular. Al unirnos en matrimonio, en una relación de amistad o como compañeros de trabajo vamos a tener problemas, y maneras diferentes de encarar las cosas. El secreto consiste en comprender que mientras dependa de nosotros, debemos vivir en paz y en armonía con todos.

Capítulo 3

No perdonar nos roba la capacidad de amar

"Debemos desarrollar y mantener la capacidad de amar. Quien está desprovisto del poder de perdonar está desprovisto del poder de amar." – Dr. Martin Luther King

"Tengo 30 años. Soy hija de un matrimonio que terminó en divorcio porque se maltrataban físicamente. Eso me lo cuenta mi madre. Ella le guardaba demasiado rencor a mi padre, y decidió dejarlo. Con el tiempo se casó con una persona maravillosa, y él se convirtió en mi padre. Fue el hombre a quien amé como padre, se entregó a mí, me enseñó todo lo que sé. Fue mi gran ejemplo, mi todo. Con él tuve una relación insuperable. Aunque no era mi padre, me dio amor, comprensión, atención, ánimo y cuidado; todo lo que mi mamá no pudo darme.

"Mi relación con mi mamá no es la mejor. Comprendo que ella no tuvo una infancia feliz, y también sufrió con mi papá. Supongo que por eso ella es tan dura conmigo, aunque con mis hermanos es muy diferente. He tratado de acercarme a ella varias veces, pero no logramos establecer una buena relación. Me he acercado para pedirle perdón y decirle que la perdono y que la amo, aunque ella nunca lo ha hecho conmigo.

"Mi papá, el hombre que amé desde la infancia, falleció cuando yo tenía 14 años. Esa ausencia me ha marcado, y se suma a la pobre relación que he tenido con mi mamá. Esto hizo que me enojara con la vida, y le reprochara a Dios la razón por la que se llevó a un buen hombre como lo era mi papá. ¿Por qué hay tantas personas malas y se lleva a mi papá?

"A mis 20 años conocí a un hombre maravilloso. Nos enamoramos locamente y dos años después nos casamos. Me respetó, viene de una buena familia, me trata como a una reina, me complace en todo. Nuestros primeros años fueron mágicos. El amor hacía extraordinaria cada experiencia. Las caricias, los besos, las palabras de afirmación y la ilusión de vivir juntos para siempre nos unían más.

"Poco tiempo después nació nuestra hija. La casa se llenó de sonrisas, alegrías, planes y proyectos. Sin darme cuenta, las responsabilidades comenzaron a abrumarnos. Ya no teníamos tiempo para nosotros, nos reclamábamos constantemente, y de repente comencé a actuar como lo hacía mi mamá conmigo. Le reclamaba todo, le gritaba o bien lo ignoraba con un silencio castigador. Le reclamaba hasta el más mínimo detalle, y la ira que llevaba por dentro comenzó a herir nuestra relación. Aunque él se esforzaba en amarme, algo cambió dentro de mí. Luego de pelear nos reconciliábamos, prometíamos que no lo haríamos más, pero a los días, todo volvía a lo mismo.

"No comprendo lo que nos pasó. Sin darnos cuenta nos distanciamos, yo comencé a desear el halago de otros hombres, y me refugié en la fantasía de las redes sociales. Hace un mes me dijo que se marcharía, y eso me tiene devastada. Sus palabras me han hecho reflexionar: 'Me voy, ya no sé qué más hacer. Es como si algo en tu interior te impidiera ser feliz. Lo tenemos todo, pero nada te satisface. Es como si el odio y la amargura que llevas por dentro lo destruyera todo. No sé qué te ocurre, pero lo nuestro no puede seguir. Ya no es igual. Ahora yo también estoy enojado y reacciono mal. Tus palabras hirientes y tu enojo constante lo han lastimado todo".

"Sé que él me ama, pero no sé qué me pasa. Estoy destrozada porque ahora despierto, me doy cuenta que estoy a punto de perder a un buen hombre, y no quiero perderlo. Por favor, ayúdeme. Necesito cambiar y recuperar mi matrimonio. Mi esposo se ha ido de casa hace solo unos días y estoy confundida, ¿qué nos pasó?".

Esta historia de desamor repentino es una verdad que sacude a diario a mujeres y a hombres. También he escuchado y leído historias donde ambos cónyuges sintieron o pensaron que habían dejado de amarse. Son esas parejas de quienes nos enteramos que se van a divorciar, y nos sorprende porque las pensábamos muy felices. Cuando les preguntamos, con frecuencia nos responden: "Es que ya no nos amamos". Y no entendemos lo que nos pasó.

¿Qué ocurrió, que ya no sienten igual? ¿Qué les pasó con el correr de los años? ¿No supieron superar las crisis que ocurren en el matrimonio? ¿Fue algo que ocurrió poco a poco, y lo dejaron pasar como si no tuviera importancia? ¿Será verdad que el tiempo acaba con el amor? ¿Qué les robó la capacidad de amar? ¿Será que no supieron perdonarse?

La muerte del amor no ocurre instantáneamente. El amor se ve amenazado por enemigos como la falta de perdón de las cosas pequeñas y de las mayores; la acumulación de rencor por situaciones que no resolvimos en su momento; las malas memorias de sucesos que dejamos pasar sin conversar; la falta de "alimento" diario como las palabras de afirmación, afecto, confianza, diálogo, y todo lo que nos acerca. Al amor lo van asesinando los celos amargos, la violencia, la pornografía, el insulto, la infidelidad, el silencio que castiga, la ira, la indiferencia, el menosprecio, la irresponsabilidad, el mal manejo de las finanzas, el dolor que cargamos desde nuestras vivencias anteriores al matrimonio, o la humillación constante.

El amor requiere esfuerzo y entrega; dedicación y decisión. El amor no crece solo. Es un error creer que lo que un día fue un fuego ardiente se mantendrá en el tiempo sin cultivarlo, protegerlo y alimentarlo cada día.

Ninguno de nosotros es perfecto. **La convivencia es un reto cotidiano que requiere un alto nivel de tolerancia.** Venimos de familias y ambientes diferentes. Vivimos bajo la presión del trabajo y las obligaciones financieras. Nuestras reacciones emocionales son complicadas, y nos cuesta manejar la frustración. Todos vamos a tener momentos malos en los que podríamos lastimar a quien amamos. Esto requiere la firmeza necesaria para que instantes así no nos afecten, comprendiendo que es algo pasajero, pero que no representa una conducta malintencionada.

El pedir perdón y otorgarlo debe ser parte de la dinámica familiar diaria. Para permitir que el amor crezca, necesitamos tener la humildad necesaria para ser valientes, y reconocer nuestros errores sin asumir una posición defensiva. Cuando dejamos que el rencor, la amargura y la falta de perdón se apoderen de nosotros, vamos a matar el amor lentamente hasta producir un distanciamiento en la relación, que se manifiesta con indiferencia, gritos, silencios que castigan y recriminaciones. Es indispensable que no dejemos que las cosas pendientes se acumulen, sino que podamos pedir perdón y perdonar cuando sea necesario.

> *El pedir perdón y otorgarlo debe ser parte de la dinámica familiar diaria.*

El perdón es el puente que facilita el diálogo, recupera la confianza y fortalece la relación. Si no pedimos perdón y no perdonamos, podríamos matar el amor, la ilusión y la alegría de vivir juntos. Estemos alerta ante aquellas conductas que se convierten en enemigos y hasta asesinos del amor, para encontrar cómo podemos detenerlos a tiempo, pidiendo o concediendo el perdón.

Un problema en el matrimonio es pensar que el amor se siente, y siempre se va a sentir. En el matrimonio, el amor se decide y entonces se siente. La persona debe decidir amar, y poner su corazón ahí. Es entonces cuando se valora a la otra persona y surge un sentimiento tan intenso como el que se sentía cuando nos conocimos.

Todo matrimonio debe estar atento a las señales de peligro que le indican que estamos matando el amor. Si reaccionamos a tiempo y nos convertimos en las personas agradables de la que el otro se enamoró, nos comunicamos con respeto, confiamos el uno en el otro y avivamos el romanticismo. El amor está destinado a crecer, y tendrá la fortaleza necesaria para superar las crisis. No significa que es fácil, pero todo lo que hagamos debe tener la intención de proteger el amor que nos une.

> *En el matrimonio, el amor se decide y entonces se siente.*

El amor es un arte que ambos creamos y mejoramos. No es cuestión de uno; es un juego de dos. Mi cónyuge es parte de mi equipo; no mi rival a vencer.

"Me acostumbré, y sin pensarlo, subestimé el amor que nos unía. Nos casamos porque nos amábamos, porque pensamos que este sentimiento nos podría mantener juntos el resto de nuestras vidas. Pero con el paso del tiempo, la rutina, las obligaciones, y nuestros errores hicieron que nuestros ojos dejaran de mirar a la persona amada. Sus ocupaciones, su cansancio, y su indiferencia hicieron que dejara que me sedujeran las palabras dulces de un amigo. Esto hizo que mi corazón dejara de palpitar por mi esposo. Me pregunto, ¿qué nos pasó si nos amábamos tanto? Él es especial conmigo, todo lo invierte en la familia, y nuestra vida es maravillosa. Fueron la indiferencia, la apatía y el descuido lo que nos llevaron a dejar de alimentar el amor que nos teníamos. Hoy él ya no quiere nada conmigo, y eso me duele."

No basta con casarnos muy enamorados. El amor debe cultivarse todos los días con abrazos, detalles, atenciones, y romance. No puedes dejar de mirarle con deseo, de estar atento a sus cuidados y mimos. No puedes acostumbrarte a la seguridad del hogar, ni darlo por sentado. Debes apreciarlo cada día, para que el aburrimiento, la rutina y la indiferencia no maten el amor. El amor es fuerte cuando tiene buenos fundamentos.

Los fundamentos del amor son:

+ **Respeto**

+ **Fidelidad**

+ **Admiración mutua**

+ **Buena comunicación**

+ **Resolución de las diferencias**

+ **Conocimiento de lo que puede y no puede darnos el cónyuge**

+ **Pedir perdón cuando nos equivocamos**

+ **Otorgar perdón cuando nos lo piden**

+ **Tener claro que la misión de ambos en esta aventura es aportar lo mejor de cada uno para fortalecer la relación**

El amor podría experimentar amenazas que lograrían lastimarlo, y debemos estar atentos para hablarlo, cambiar, buscar ayuda, y estar dispuestos a superarnos. Le comparto algunas de esas cosas que podrían amenazar o matar el amor, pero cada uno de nosotros debe elaborar su propia lista de lo que considera que podría matar el amor.

Algunas de estas amenazas pueden parecer superficiales, pero si no las atendemos a tiempo, vamos a lastimar la relación. Otras son situaciones delicadas que requieren ser tratadas inmediatamente. Ya que no todas las amenazas son iguales para los matrimonios, cada uno debe estar atento para discernirlas en el momento en que ocurran. Las presentamos en el capítulo siguiente. Preste atención a las posibles soluciones, recordando que el perdón es el principio de cada solución.

Capítulo 4

Los 15 enemigos del amor

"El perdón es una decisión, no un sentimiento, porque cuando perdonamos no sentimos más la ofensa, no sentimos más rencor. Perdona, que perdonando tendrás en paz tu alma y la tendrá el que te ofendió." – María Teresa de Calcuta

Estudiemos los enemigos del amor que debemos aprender a reconocer y a vencer.

Enemigo #1: La falta de perdón

El amor se ve amenazado por la falta de perdón, ya que las personas que no perdonan acumulan resentimiento, amargura y rencor. Esto conduce al distanciamiento, a la indiferencia, y se convierte en una amenaza para el amor que nos une. El consejo de Jesús es claro. "«*Si se enojan, no pequen.*» *No dejen que el sol se ponga estando aún enojados*" (Efesios 4:26) La máxima es clara. No acumule el enojo; resuélvalo el mismo día. Por eso hoy es un buen día para pedir perdón y perdonar. Si no lo hacemos, estamos amenazando el amor que une el matrimonio. La falta de perdón nos separa; el perdón nos une.

Muchas veces los matrimonios están tan heridos por cosas no resueltas, que ante un nuevo conflicto se siguen lastimando, y creando más distanciamiento entre ellos. Si no detenemos el círculo de agresiones emocionales, vamos a destruir el matrimonio porque matamos el amor.

> *La falta de perdón nos separa; el perdón nos une.*

He visto que las personas no perdonan porque sienten que si lo hacen, dejan sin castigo al cónyuge que les falló. Estamos pensando que el perdón es algo que le doy a la otra persona porque lo merece. El perdón es algo que otorgo a otra persona, pero en beneficio personal, porque el objetivo del perdón es eliminar el dolor que llevo por dentro. Si elimino este dolor que produce amargura, recobro la capacidad de amar, y se genera el escenario para la restauración de la relación. Perdono, elimino mi dolor, recupero el amor, y restauro la relación.

El perdón no lo otorgo porque la otra persona cambió, o me pidió perdón. Otorgo el perdón para no convertirme en víctima del error de mi cónyuge, y para no vivir atrapado en un dolor del pasado. Si no perdono, estoy matando mi capacidad de amar, porque en lugar de sentimientos buenos hacia la otra persona, tendré deseos de venganza, resentimiento y amargura. Esto no me permite tratarle con dignidad, respeto y consideración. Más bien en estas condiciones buscaré la forma de herir para intentar sacar el dolor que me domina. El perdón es lo que nos potencia para seguir amando, porque el perdón es dejar sin efecto la lista de las ofensas recibidas. Es decir: "No me debe nada". No significa que no dolió lo que me hicieron; más bien porque me duele es que debo perdonar.

Cuando hemos perdonado con sinceridad, dejamos de exponer ante los demás el error de la otra persona. No utilizamos lo que ocurrió como una forma de castigar en el presente. Si he perdonado, lo ocurrido dejó de afectarme, y somos capaces de resolver nuestras diferencias sin traer al presente las heridas del pasado.

Perdonar es cambiar nuestros sentimientos negativos hacia la otra persona por sentimientos y pensamientos de bendición. Es desearle bien y no mal. Como lo expone Pedro:

> *"No devuelvan mal por mal ni insulto por insulto; más bien, bendigan, porque para esto fueron llamados, para heredar una bendición. En efecto, «el que quiera amar la vida y gozar de días felices, que refrene su lengua de hablar el mal y sus labios de proferir engaños;"* (1 Pedro: 3: 9-10).

El perdón es un acto de la voluntad porque nadie siente perdonar. El perdón no es un sentimiento, pero sabemos que es la única forma de ser libres del dolor que llevamos por dentro. **Perdonar es un acto de la voluntad sostenido en el tiempo, hasta que produzca nuevos sentimientos, y permita restaurar la confianza, el afecto y la cercanía.** Causa que el amor vuelva a surgir, y se mantenga fuerte entre los dos.

Perdono, elimino mi dolor, recupero el amor, y restauro la relación.

Sin perdón morimos por dentro, porque lo opuesto al perdón es el odio, el rencor y los deseos de venganza. Por eso es el perdón lo que nos permite crecer en nuestra capacidad de amar. Si no ha perdonado, se lastima su capacidad de confiar, y sin confianza, el amor muere.

Enemigo #2: El pasado domina el presente

En algunos matrimonios, las heridas del pasado dominan el presente. Los conflictos matrimoniales no tienen nada que ver con el momento. Tienen mucho que ver con el ambiente en el que crecieron. Normalmente la agresión, el maltrato y el abuso han dejado sus marcas. Por eso, la relación en la actualidad sufre las consecuencias. Son matrimonios donde cualquier cosa es motivo de discusión y, sobre todo, de resentimiento. Cualquier cosa es interpretada como agresión y abuso, y todo lastima.

Este matrimonio sufrirá mucho. Tienen todo para ser felices, se aman, se respetan, pasan períodos extraordinarios, pero ante cualquier discusión están a punto del divorcio. Uno de los dos amenaza con irse, no soporta la tensión, y el nivel de tolerancia es muy bajo. No es que ocurra algo grave, sino porque las consecuencias de haber vivido en una familia con agresiones tiene su consecuencia hoy. Son personas que se aíslan, socializan muy poco, y no asumen compromisos importantes porque son muy susceptibles. En estos matrimonios uno de los dos hace silencio para no lastimar.

> *Es imperativo aplicar el perdón a nuestras vivencias del pasado para fortalecer lo que hoy vivimos.*

Si no superamos las experiencias de dolor vividas en nuestras familias de origen, nos será difícil tener relaciones sanas en el presente.

Es indispensable que distingamos lo que nos lastima para sanarlo por medio del perdón, lo que nos permite mantener una relación segura y agradable en el presente. El perdón no solo tiene que ver con nuestra relación actual. Es imperativo aplicar el perdón a nuestras vivencias del pasado para fortalecer lo que hoy vivimos. Para enfrentar esto se requiere el discernimiento necesario para ubicar el origen de nuestra reacción, la dureza de nuestro corazón, la imposibilidad de mantener una relación estable, o las reacciones de enojo o frustración que vivimos.

Enemigo #3: La indiferencia en el trato

La indiferencia hace que perdamos la habilidad de admirar lo bueno en la persona amada, y hace que surjan discusiones todo el tiempo, desacuerdos que no terminan, el menosprecio al pensamiento del otro. Es cuando el aburrimiento surge, robándonos la habilidad de apreciar las virtudes, la seguridad, la tranquilidad y las atenciones que nos unieron en el pasado.

No podemos permitir que el fuego del amor se apague por la costumbre y la indiferencia. Es en la adversidad donde el amor crece. Es asumiendo conciencia de todo lo que hemos logrado cuando el amor nos une. Es apreciando sus atributos lo que nos permite acercarnos confiadamente.

Somos los dos los que debemos detenernos para construir en una misma dirección. No es responsabilidad de uno de los dos; es remar juntos en una misma dirección. Pero uno de los dos debe iniciar, y debe ser aquel que tiene conciencia de lo que ocurre. Es tiempo de unas vacaciones para los dos solos; de unas conversaciones que nos vuelvan a enamorar. Es despertar el romanticismo y la pasión, lo que nos permite desear estar a su lado.

> *Es en la adversidad donde el amor crece. Es asumiendo conciencia de todo lo que hemos logrado cuando el amor nos une.*

Pero puedo ser yo el que inicie el romance. No espero que siempre sea el otro el que tenga la iniciativa. ¿Por qué no inicia usted planeando una cena romántica, escribiendo un mensaje de texto en el que le diga cuánto le aprecia? Elabore una lista de sus virtudes y exprésalas. Procure cada día un halago que nunca antes haya dicho. Sobre todo, decida en su mente y en su corazón que nada ni nadie apagará este amor que les une.

Manténgase alerta, y tome la iniciativa para alimentar el amor constantemente, porque **el destino del amor es perdurar para siempre.** El verdadero amor nunca deja de ser, pero para lograrlo tenemos que advertir el peligro, anticipar las amenazas, y tomar acción al respecto. Nacimos para amar, no para herir, menospreciarnos o tener relaciones rotas. Juntos lo podemos lograr.

Enemigo #4: Descuidarse físicamente

Cuando me cuido físicamente y me presento lo mejor posible para la persona que amo, significa que la otra persona es importante para mí. Recuerde cuando quería conquistarle. Fue lo que le motivó a bajar de peso, vestirse mejor, verse presentable, lucir bien, tener un buen aroma, y cuidar los detalles. Pues la conquista nunca termina, y entra por la vista. No tiene que ser quien no es, pero sí tanto hombres como mujeres debemos vernos lo mejor posible.

> *La conquista nunca termina, y entra por la vista.*

Una de las grandes amenazas del matrimonio es que nos descuidamos en todo sentido. Cuide su aspecto físico, su aseo personal, su apariencia, su alimentación, y luzca lo mejor posible. En primer lugar porque se ama a sí mismo, por salud, porque desea verse presentable, y porque decide que todos los días será una oportunidad para conquistar a su cónyuge. Cuide su corte de cabello, la ropa que utiliza, la colonia y el perfume, y decida que lucirá lo mejor posible.

Un amigo dijo: "Nunca he visto a mi esposa mal presentada. Antes de nuestro primer beso en la mañana, ya se ha lavado los dientes, se ha peinado y sobre todo, su perfume me indica que la mañana es hermosa. Lo mejor de todo es que me invita a hacer lo mismo. Me peino, me lavo los dientes, me baño y me presento para mi esposa lo mejor que puedo". Al escucharlo me pareció imposible de lograr, pero su sonrisa, y el amor que se tiene esta pareja me invitaron a pensar que lo mejor es posible. Ellos son novios siempre. Por cierto, trasladan esta actitud al resto de sus vidas personales, son excelentes profesionales, y unas personas muy agradables.

Todos luchamos con complejos y temores porque deseamos ser aceptados, admirados y apreciados por las personas que amamos, y muchas veces somos crueles. Escuché a un esposo decirle a su esposa: "Yo no me casé con esa gorda, me casé con una persona delgada, y bella". Este nivel de ofensas mata el amor, y no es justo jugar con el amor propio de la otra persona. Nadie está capacitado para escuchar un menosprecio producto de su apariencia. Todos anhelamos ser aceptados, admirados y respetados.

> *No nacimos para menospreciar o lastimar; nacimos para amar y honrar.*

No significa que el amor dependa de la apariencia, porque los años van impactando nuestras vidas físicamente, igual que una enfermedad o un embarazo. Se ama en todo tiempo y en cualquier circunstancia. Por eso, el amor ágape, el que es misericordioso, compasivo, bondadoso y gentil, no nos permite burlarnos o menospreciar a nuestro cónyuge por su apariencia. Más bien nos invita a estimular, animar, a cuidar a la persona que amo, y lo hacemos con halagos, reconocimiento y estímulo. Si en algún momento hemos lastimado a nuestro cónyuge por su apariencia, debemos disculparnos, y pedir perdón con sinceridad. Porque no nacimos para menospreciar o lastimar; nacimos para amar y honrar.

Enemigo #5: La indiferencia sexual

Las relaciones íntimas fortalecen el matrimonio. Es lo que se origina con el beso espontáneo, la mirada seductora, la caricia amable, y el pensar en la otra persona aun cuando no estamos juntos.

Descuidar nuestra intimidad conduce al distanciamiento, y evidencia que todo el juego previo dejó de fusionar el amor. Es necesario hacer frente a la indiferencia sexual. Busque la causa, y decida superar lo que está viviendo para alcanzar la intimidad emocional que todo matrimonio necesita. **La indiferencia sexual no es la causa de su alejamiento emocional; es la consecuencia de algo no resuelto.**

Ser indiferente sexualmente con su cónyuge lastima, y es una forma de castigar. Por eso, la indiferencia sexual debe ser atendida en su raíz. Inicie por pedir perdón, y busque ayuda profesional. Muchas veces pensamos que las cosas se resuelven solas, y no es así. Necesitamos ser conscientes de lo que estamos viviendo, y elaborar un plan para superarlo. Podría ser que está distraído con muchas ocupaciones, o herido por algo que pasó, y por eso está distante sexualmente de la persona que ama. Pero no importa la causa, hay que recuperar la intimidad sexual.

La indiferencia sexual podría estar siendo causada por problemas no resueltos en la pareja, lo cual les aleja y no les estimula a la intimidad sexual. Otra causa podría ser que uno de los dos se está exponiendo a material pornográfico. Eso genera adicción, alejamiento de su cónyuge porque surge la comparación, y las exigencias de que su cónyuge haga cosas que no son naturales y la otra persona no las desea. La pornografía ha separado muchos matrimonios, y algunas personas han caído en perversión sexual producto de que no supieron detener esta adicción.

Otra causa que puede incitar a la indiferencia sexual es la masturbación, porque la persona aprende a estimularse en soledad, perdiendo de esta forma el gusto y el deseo por su cónyuge.

Otras parejas han experimentado indiferencia sexual cuando las obligaciones con los hijos recién nacidos consumen todas las fuerzas. Para eso es importante que tengamos comprensión, colaboremos ambos en las tareas del hogar y en la crianza de los niños, y busquemos ayuda para tener nuestros momentos íntimos.

No importa cuál sea la causa de la indiferencia sexual, los matrimonios deben hablar del tema. No caiga en la trampa de compararse con otros matrimonios, o lo que dicen en los medios de comunicación. Cada matrimonio tiene su propia frecuencia, y lo más importante es que ambos se sientan a gusto con lo que viven en su intimidad.

Es mejor satisfacer sus deseos sexuales con la persona de pacto, la que juró amar el resto de sus días, la que ha estado a su lado en las buenas y en las malas.

La intimidad sexual en el matrimonio no surge sola, no es espontánea; hay que procurarla, y buscarla. Tenemos que tener iniciativa. No espere que sea solo su cónyuge el que tenga la iniciativa; podría tenerla usted también. La intimidad sexual no solo debe ser procurada por uno de los dos. Podría ser planeada por ambos.

Bañarse juntos, perfumarse el uno al otro, guiarle en las caricias que le agradan, hablarle al oído lo que le excita, y guiarle su mano podrían ser buenas formas de insinuar que deseamos estar cerca de la persona que amamos. No tenemos que permitir que la indiferencia nos distancie. Construya recuerdos que se queden en la mente para siempre. Recree fantasías con su cónyuge, que les haga convertir la intimidad en una complicidad romántica; que al estar lejos se deseen el uno al otro, y que el fuego que les une se convierta en una aventura que quisieran disfrutar siempre. Lo opuesto a la intimidad es el distanciamiento, y esto mata el amor. Recupere el romance en su matrimonio, y decida disfrutar las caricias que le emocionan.

> *Construya recuerdos que se queden en la mente para siempre.*

Si necesita una buena inspiración, le invito a leer el *Cantar de los Cantares*. Descubrirá una excelente guía para disfrutar a quien tanto ama.

"Ah, si me besaras con los besos de tu boca... ¡grato en verdad es tu amor, más que el vino! Grata es también, de tus perfumes, la fragancia; tú mismo eres bálsamo fragante. ¡Con razón te aman las doncellas! ¡Hazme del todo tuya! ¡Date prisa! ¡Llévame, oh rey, a tu alcoba!... ¡Qué hermosas lucen tus mejillas entre los pendientes! ¡Qué hermoso luce tu cuello entre los collares!" (Cantares 1: 2-4,10).

"Paloma mía, que te escondes en las grietas de las rocas, en las hendiduras de las montañas, muéstrame tu rostro, déjame oír tu voz; pues tu voz es placentera y hermoso tu semblante" (Cantares 2:14).

El amor que ha madurado con el tiempo se entrega bondadosamente sin esperar nada a cambio; busca el bien para el ser amado. Es un amor que supera el egoísmo, los caprichos, y la vanidad. El amor lo identifica la delicadeza, y procura la reconciliación en lugar de buscar la venganza. El amor no se impone, no golpea, no hiere, y pide disculpas si lastimó.

> *El amor lo identifica la delicadeza, y procura la reconciliación.*

Si el amor ágape, el que es incondicional, tierno, delicado, gentil, generoso, compasivo, y sacrificial no está presente en el matrimonio, es imposible superar las crisis, porque en el matrimonio viviremos desilusión, indiferencia y frialdad, lo que produce dolor y confusión. Es el amor de Dios lo que nos permite comprender que en los momentos de crisis enfrentamos sentimientos pasajeros y circunstancias que solo están ahí para ser superadas. Si no aplicamos esta calidad de amor en el matrimonio, es imposible que la relación subsista.

Quien no ha sufrido alguna vez no conoce el amor. Todos en algún momento sentirán que desean salir corriendo, pensarán que se equivocaron, o tendrán menos deseos sexuales, pero no se preocupe. Son emociones que vienen y se van; son tiempos en los que estamos distraídos, y montañas por superar. En estos valles de dolor, soledad, frustración o desilusión, el amor romántico no resuelve la situación. El único que puede ayudarnos es el amor ágape porque es incondicional y decide perseverar. **El amor ágape comprende que solo estábamos distraídos, que el sentimiento confuso pasará, que debemos esforzarnos por dar lo mejor de nosotros y volver a conquistar.** Sabemos que no podemos renunciar porque lo hermoso que hemos vivido en el pasado prueba que el amor es real, y lo que requiere de nosotros es perseverancia.

No todo lo arreglan las relaciones sexuales, pero vivirlas nos acerca, nos emociona, y nos permite ser cómplices de un romance que inspira, nos ayuda a bajar de peso, nos relaja, y nos une. Separe tiempo para tener relaciones sexuales significativas. ¿Cómo? Pregunte a su cónyuge.

⭳ Enemigo #6: Los celos que debemos vencer

"El amor es fuerte como la muerte; los celos son crueles como la tumba." -Salomón

Los celos que controlan y nos roban la confianza lastiman más de lo que imaginamos. Los celos aniquilan cualquier matrimonio. Si trato de controlar a la otra persona todo el tiempo, si necesito saber dónde se encuentra, con quién habla, quién le escribe, y si constantemente le estoy diciendo a mi cónyuge cómo vestirse, estoy en un marco de celos enfermizos.

Vivir con una persona celosa puede convertir la relación en un infierno, porque ninguno de los dos experimenta paz, tranquilidad, seguridad, y mucho menos confianza. La relación de matrimonio es para ser disfrutada en paz, libertad y confianza.

Los celos enfermizos no son un símbolo de interés y preocupación por la otra persona. Es una expresión de emociones fuera de control. Si no sano mis emociones y controlo estas reacciones, las escenas de celos podrían convertirse en algo frecuente, y llegar a ahogar a mi cónyuge.

Los celos enfermizos matan el amor, que se inspira en la confianza, la cercanía y la libertad.

Algunas señales que indican que existe una relación dominada por los celos son:

1. Controlar constantemente el celular para estar enterado con quién está hablando, o a quién le está escribiendo.

2. Indicarle a la otra persona constantemente qué vestir y qué no ponerse, porque piensa que su vestir es seductor, y que lo hace para llamar la atención de las otras personas.

3. Ser una persona de pocos amigos y considerar que su cónyuge no debe tener amigos del sexo opuesto. Aun le trata de controlar quiénes son sus amigas y amigos.

4. Creer que su cónyuge no tiene la capacidad de controlarse sexualmente.

5. Creer que en cualquier momento su cónyuge le puede traicionar.

6. Pensar que siempre hay alguien que desea interponerse en su matrimonio.

7. Recriminar las relaciones anteriores de su cónyuge, pensando que podrían regresar en cualquier momento.

8. En reuniones o fiestas, pasar todo el tiempo controlando lo que hace su cónyuge, con quién habla, y cómo se comporta.

La persona celosa vive angustiada, y piensa que su cónyuge es demasiado amoroso con todo el mundo. Es alguien que vive sin tener paz, alegría, confianza, y por lo tanto controla, castiga, domina, y llega a matar el amor. Ella dijo:

"Soy muy celosa. Tengo veinte años de casada y tres niños, mi esposo es muy bueno, cariñoso y amable, mi matrimonio ha sido muy bonito, pero yo siempre he tenido un gran defecto. Soy muy celosa, pero al extremo. También me cuesta mucho callarme las cosas que me incomodan o me inquietan con mi esposo. Siempre le estoy haciendo preguntas incómodas, y con doble sentido. Últimamente los celos me están matando; me atacan mucho. No soporto cuando le suena el celular con mensajes de texto, y le hago preguntas.

"Él se mantiene silencioso y yo le hago preguntas, pero hace una semana me dijo que iba a salir, le pregunté a dónde y estalló diciéndome que por favor, dejara de controlarlo tanto. Solo le hice una pregunta, pero él estaba guardando muchas cosas en su corazón por mucho tiempo. Esa noche dormimos en habitaciones separadas. Él ya no quiere que lo toque, ni lo bese. Está muy molesto. Me dijo que ya no quería que yo lo interrogara o que lo controlara tanto, que él no me daba motivos para que desconfiara de él.

"Mi esposo tiene razón, pero yo soy muy desconfiada y dejo que los celos me controlen. Sé que eso no deja más que problemas y hace que nos distanciemos, pero cómo me cuesta. Reconozco que soy muy insistente y canso. Sé que a los hombres no les gusta que uno les esté controlando, pero no sé cómo evitarlo. Es algo que me controla.

"Ya hemos tenido varios problemas por lo mismo, pero esta vez lo veo muy enojado. Me dijo que así no iba a continuar conmigo, por lo que me preocupa, y me da miedo que nuestro matrimonio fracase por estas tonterías que no valen la pena. Mi familia vale mucho, mis hijos son mi tesoro, y no quisiera que sufran. Sé que muchos matrimonios se divorcian por esto, y no quiero que esto nos suceda. Me siento muy mal, porque veo que esta vez mi esposo está decidido a no continuar más. Creo que está buscando un apartamento y eso me asusta.

"Estoy muy desesperada, me dan muchas ganas de abrazarlo y demostrarle mi cariño, le he pedido mil disculpas, pero no quiere acceder. Noto a mi esposo pensando solo en él, y no está pensando como papá, o como esposo. Su orgullo lo está dominando. Él no quiere acceder ni un poco para superar esta crisis. Trato de darle cariño, pero lo que consigo es distanciarlo. Lo veo frío, con un corazón como de piedra.

"Por otro lado, lo noto contento en pensar que se va a marchar de la casa. Está como ilusionado por vivir solo, y eso me asusta y me preocupa. Parece como un pajarito al que le han abierto la jaula. Esto me desespera y me da mucho miedo, porque podría sentirse tan libre que no quiera regresar a la casa, y no sienta la necesidad de nosotros como familia.

"Pido a Dios que despierte a mi esposo, y que me cambie a mí. Lo que más deseo es que mi esposo desee quedarse en la casa. Nosotros lo necesitamos a nuestro lado. Él es un buen esposo y un gran padre".

> *Las relaciones crecen a partir de la confianza, la amistad y la intimidad.*

Las relaciones crecen a partir de la confianza, la amistad y la intimidad. Esto es lo que permite que un matrimonio mantenga una grata comunicación y una relación que sea agradable. A esta dama y a todos los que tienen celos incontrolables o injustificados, examinen cuál es el origen de sus celos.

Les comparto otra historia que ilustra la forma en que por celos, descuidamos nuestras relaciones más valiosas.

"Hoy le escribo pidiéndole un consejo. Hace dos años me di cuenta que sufría de ansiedad, y a eso va sumado al hecho de que a mi esposo se le pasó 'el tiempo del enamoramiento'. Le explico. Nosotros llevamos juntos cinco años, ocho meses de noviazgo y cuatro años de casados, y él ya no es tan detallista como al principio. Dejó de halagarme, de esforzarse por darme un detalle en las fechas especiales. Solo se esmera cuando estamos de aniversario de bodas; el resto es todo muy simple. Reconozco que él es un buen esposo, suple las necesidades del hogar y es muy buen padre, pero he detectado que como mi forma de amar es con detalles, atenciones, y expresiones de afecto, eso ha disminuido en gran manera de parte de él hacia mí. Esta situación ha generado que tenga inseguridades y baja autoestima.

"Me volví muy celosa e intranquila. No soporto que le hablen las compañeras del trabajo por mensaje de texto, o que lo llamen, que salga a almorzar con sus compañeros de trabajo, y gaste sumas de dinero que a veces hacen falta para el hogar. Siento que con eso he llegado al límite. No vivo tranquila, siento la necesidad de revisarle el celular y cosas parecidas. Ahora está sucediendo que en la empresa donde él trabaja celebran cumpleaños con almuerzos, o el Día del Amor y la Amistad hacen reuniones fuera del trabajo, igual que la fiesta de Navidad. Él, supuestamente, no me puede llevar a ninguno de esos eventos, y eso ya está agravando mi ansiedad.

"Este viernes tiene una cena en la noche, y le dije que como no era dentro del horario laboral me llevara. Se opuso rotundamente. Dice: '¿Qué van a pensar los demás si te llevo?'. De verdad yo no sé ni qué pensar. No sé si yo estoy equivocada o no. Para mí esta es una oportunidad para que yo conozca y comparta con sus compañeros de trabajo, pero él no lo ve así. Cada vez que le digo algo parecido, se enoja y me ofende con palabras, me alza la voz... y siento que no me lo merezco. Yo sufro mucho a causa de esta situación.

"He tratado de mantenerme tranquila, he aprendido a callar, pero en esta oportunidad no pude, y le dije lo que pensaba. Su reacción no fue la mejor. Me ha dicho que no soporta más los celos que tengo, y que desea irse de casa. Esto me duele mucho, y creo que he matado el amor que un día fue maravilloso y nos unía".

El verdadero origen de los celos

Todos hemos sido lastimados y abandonados en algún momento. Esto ocasiona que la inseguridad se traduzca en celos enfermizos si no tratamos nuestras emociones como corresponden. Los celos nos llevan a intentar controlar a la otra persona, supervisar todo lo que hace, y a tratarle como si fuera un niño que hay que cuidar de cerca. Nos inducen a perder la perspectiva de que el matrimonio es una relación de personas adultas. El amor crece a partir de la confianza, la libertad, y el deseo sincero de querer estar con la otra persona. El amor no se puede imponer, controlar, amarrar, suplicar o manipular. Nuestras inseguridades, nuestros temores, las heridas del pasado y una baja estima despiertan los celos que lastiman cualquier relación.

El amor debe crecer a partir de una relación fundamentada en el respeto, la admiración, una buena comunicación, detalles, confianza, compromiso, fidelidad y afecto. Si sustituimos esto con demandas que nuestro cónyuge no puede cumplir, inseguridades que nos conducen a celos amargos, y peleas interminables, terminaremos matando el amor.

El amor lo matamos cuando violamos las normas básicas de la convivencia de dos adultos que deciden amarse. El amor es libre, voluntario, y crece a partir de que cada uno decide amar. Yo no puedo controlar a mi cónyuge, pero sí puedo inspirarle, indicarle que me duele lo que hace, o que me lastima cuando mira con deseo a otras personas. **Sea directa en lo que siente, pero ponga la responsabilidad sobre su cónyuge; es él quien debe decidir el me-**

> *El amor es libre, voluntario, y crece a partir de que cada uno decide amar.*

jor camino. No haga que viva en función suya, sino en función de lo que cree y ama.

Si hay algo que le inquieta, expréselo, pero por otro lado llene su relación de detalles, inspire confianza, y atienda a quien ama. Permita que la otra persona asuma la responsabilidad por su conducta, como lo debe hacer todo adulto. Esto no significa que tengamos complejo de alfombra, donde dejemos que nos pisoteen. Es más bien la dignidad que Dios nos ha dado lo que nos permite levantarnos con firmeza para expresar con respeto lo que sentimos, y generar el espacio para que la otra persona reaccione correctamente.

> *El secreto en toda relación es no presionar, no imponer, no manipular, ni suplicar.*

Insista en amar. Esto implica inspirar respeto, confianza y afirmación.

El amor se inspira; no se suplica ni se impone. Es importante que se concentre en usted hasta que vuelva a brillar como persona, libre, plena y feliz, donde exprese paz, alegría, ilusión, y esperanza. Esto es más atrayente que el sufrimiento y la desesperación. No es fácil lograrlo. Pero si se refugia en Dios, lo podrá hacer. Busque ayuda para lograrlo, porque es la mejor forma de volver a recuperar su brillo, y será su principal arma para volver a conquistar a su cónyuge. El secreto en toda relación es no presionar, no imponer, no manipular, ni suplicar. Porque el amor crece por voluntad propia, y se decide.

El matrimonio inicia con una gran ilusión, y ambos se saben enamorados. Pero viene el momento en que la rutina y la costumbre nos llevan a desvalorizarnos y aun a menospreciarnos. Por lo tanto, en una relación lastimada por los celos, lo ideal es procurar espacio para que la otra persona pueda expresar lo que le está pasando. Procure mantener el afecto, pero no ahogarlo. Genere espacio para que reflexione.

Enemigo#7: La comunicación que necesita mejorar

Cuando la comunicación se deteriora, aparecen los insultos, el menosprecio y las peleas constantes. Sin darnos cuenta peleamos por todo, y castigamos con el silencio. Escuché a una esposa reclamar porque cuando él se enojaba dejaba de dirigirle la palabra hasta por una semana. Esto es menosprecio total, y evidencia un orgullo producto de grandes inseguridades. Una persona que menosprecia a la otra de esta forma está herida, y tiene que trabajarlo inmediatamente, porque no tiene nada que ver con la pelea del momento, pero sí tiene todo que ver con su falta de humildad.

Si no detenemos las peleas a tiempo, podríamos matar el amor. Tener diferencias es normal, pero menospreciar al otro en una discusión es una pelea que deteriora la relación a pasos agigantados. Una pelea surge de pequeñas diferencias que nos llevan a subir el tono de la voz, y cuando se hace frecuente nos comenzamos a insultar o a menospreciar. Esto conduce al distanciamiento, y con el paso del tiempo las palabras hirientes son lo común, pero definitivamente asesinan el amor.

Deténgase, respire profundo, piense que está en juego la tranquilidad del hogar, la armonía que les une, y que las peleas constantes no son la solución. ¿Qué importa que tenga que guardar el cepillo una vez más, que le recuerde dónde dejó las llaves? ¿Qué importa que la ropa no esté en su lugar? Es mejor que reserve energía para temas más importantes. Aun cuando el tema sea crucial, las palabras hirientes, el silencio que castiga y el menosprecio no son la solución.

Evite los malos entendidos. No suponga. La suposición es el nivel más bajo del conocimiento, de acuerdo al Dr. Edwin Louis Cole. Pregunte, aclare, escuche, enfríe las emociones, aclare el pensamiento, y decida actuar con amabilidad, que es lo que nos acerca. Evite una mala comunicación.

Los malos entendidos siempre se van a dar. Yo recuerdo el día que le dije a mi esposa que yo viajaba nuevamente el día siguiente, y ella respondió: "Te extraño". En ese momento sentí que todo por dentro se me derrumbó, las fuerzas se me fueron, y experimenté una profunda desilusión. Podía hacer silencio (como hacemos muchas veces los hombres), pero le indiqué que yo también sabía que se me habían unido los viajes últimamente. Ella me interrumpió inmediatamente con gentileza para aclarar. "No te estoy reclamando, sé que tienes que trabajar. Solo te estoy diciendo que te extraño." Helen estaba tranquila, en paz, y transmitía amor y comprensión. En ese momento detuve el auto, por-

> *El suponer y juzgar rápidamente nos conduce a discusiones interminables, donde las fuerzas se agotan y terminamos distanciados.*

que íbamos camino a la escuela de nuestros hijos a una reunión. La abracé, le dije cuánto la amaba, y cuánto valoraba que me lo explicara de esa forma. Ahí tomé algunas decisiones que me han ayudado a valorar más a mi familia. Si Helen me hubiese reñido, literalmente me roba las fuerzas, porque la amo. Pero al tomar una actitud serena y respetuosa, me permitió valorar más el amor que nos une, y asumí una mejor actitud para regular mis ocupaciones.

No siempre ocurre esto en nuestros matrimonios. Muchas veces la mala comunicación nos juega malas pasadas. El suponer y juzgar rápidamente nos conduce a discusiones interminables, donde las fuerzas se agotan y terminamos distanciados. Esto podría matar el amor.

Aún recuerdo cuando pregunté a un empresario que trabajaba con su esposa, cómo lograron involucrarse juntos en la empresa. Él respondió:

"Hace varios años la empresa pasaba por un mal momento económicamente. La tensión, el estrés, la angustia hacían que aceptara cualquier trabajo que apareciera. Esto me llevó a ausentarme de la casa muchas horas. Mi esposa comenzó a reclamarme, me insistía que tenía que estar más en la casa, que casi no hablábamos como antes, que ya no salíamos a comer como lo hacíamos hace unos meses atrás, y luego de una de esas discusiones, donde yo no contaba nada de la empresa, se lo dije.

"'La empresa está a punto de quebrar, los ingresos han disminuido significativamente, no quería preocuparte, por lo que no te dije nada al respecto, pero ya no puedo más. La tensión es muy fuerte, he tenido que despedir personal, estoy demorado con algunas cuentas, y muchas veces no sé que hacer. Llego a casa buscando un poco de paz, y te escucho con los mil reclamos. Muchas veces solo quiero llorar, pero me hago el fuerte para no afectarte. Te necesito a mi lado en la empresa, necesito tu ayuda, tu consejo. Necesito que ordenemos las finanzas, y sé que tú eres buena en eso. Ese día ambos lloramos, y ella me reclamaba que no le hubiera dicho nada. Nos abrazamos, y desde entonces estamos juntos en todos los asuntos de la empresa. Juntos la hemos levantado nuevamente y ella es espectacular con los números".

> *Son los vacíos de comunicación los que nos llevan a juzgar y a criticar a nuestro cónyuge.*

Esta historia me conmovió, y a partir de aquel día les observaba más. La buena química que había entre ellos me hacía ver que lo compartían todo, y se ayudaban mutuamente. Pero al pensar en lo que vivieron me doy cuenta que este matrimonio podría haber terminado en fracaso por una mala comunicación. Él no quería preocuparla con los problemas de la empresa y la situación económica, y ella reclamaba su ausencia y su despreocupación por la familia. Son los vacíos de comunicación los que nos llevan a juzgar y a criticar a nuestro cónyuge.

Los juicios, la imaginación que vuela rápidamente, nuestros temores, y las inseguridades nos llevan a discutir acaloradamente, y muchas veces sin sentido, cuando en el fondo lo que deseamos es comprensión y ánimo. Es a partir de esas suposiciones que se alimentan sentimientos que nos conducen al divorcio, al menosprecio, y al distanciamiento con la persona que amamos.

Bien podría preguntar a la esposa de mi amigo qué pensaba ella cuando su esposo no llegaba a casa como de costumbre, y ella podría haber dicho: "Seguro que tiene un romance con alguien de la oficina". Son nuestros temores los que nos juegan malas pasadas que podrían conducir a discusiones interminables, acusaciones sin fundamento, o a exagerar lo que ocurre. He visto a muchos matrimonios distanciarse por cosas que no existen. Pero la reacción en medio de la discusión los ha llevado a herirse de tal forma que terminan enredados en peleas interminables. Es la reacción en medio de la discusión la que puede construir o destruir la relación.

Cómo mejorar la comunicación

Comuníquese abiertamente. Nunca oculte información a su cónyuge, aunque piense que esa noticia le causará dolor. Es fundamental que ambos tengan la confianza de hablar todo lo que piensan y sienten. Esto fortalece la confianza, y les permite acompañarse en los momentos difíciles que puedan estar enfrentando.

Comunicarse con tacto, prudencia, y de forma directa es una buena receta para todo matrimonio. No espere que su esposo adivine lo que está pensando, no le hable con indirectas, pero al hablar claro, sea respetuosa. **Las palabras que lastiman se recuerdan por mucho tiempo.**

> *Comunicarse con tacto, prudencia, y de forma directa es una buena receta para todo matrimonio.*

Por eso es importante que al comunicarnos lo hagamos teniendo la consideración necesaria, porque al frente tenemos a la persona que amamos, y esto requiere tacto.

Hay frases o palabras que nunca debemos decir. Toda relación tiene desacuerdos, y por la cercanía vamos a lastimar, pero nunca debemos decir cosas que lastimen o se conviertan en una excusa para distanciarnos.

Evite decir palabras que hieran el amor propio de su cónyuge. Esas frases se recordarán el resto de la vida, y podrían ser inicio de algo que les lleve a matar el amor. Si aprecia lo que tiene, refrene su lengua de decir frases que lastiman. Algunas de estas frases podrían ser:

+ **"En mi casa se hacía de esta forma".** Esto insinúa que todo lo que su cónyuge hace está mal. Tenemos que recordar que estamos construyendo una nueva cultura, la nuestra, y es producto de las experiencias de ambos y no la imposición de una forma como si fuera la única correcta. Nunca compare a su cónyuge con alguien más. Ustedes son únicos, y la vivencia que experimentan es nueva para ambos, por lo tanto, debemos respetar la nueva experiencia.

+ **"Es tu culpa".** Cuando discutimos, es fácil buscar un culpable, pero al hacerlo lastimamos y, sin darnos cuenta, sembramos un dolor que se recordará por mucho tiempo.

+ **"Me voy, quiero el divorcio".** Cuando estamos en medio de una discusión, vamos a tener sentimientos destructivos. Podríamos pensar cosas hirientes que si las expresamos se podrían convertir en puertas abiertas que siembran inseguridad en su cónyuge. Aun si pedimos perdón, son palabras que quedarán en el corazón de la otra persona como si fuera un pensamiento válido. Todos pensamos que lo que se dice cuando estamos enojados es lo que realmente sentimos o queremos, pero eso no es cierto. Las emociones alteradas producen pensamientos distorsionados. Prométanse mutuamente que nunca utilizarán el "Me voy", o "Quiero el divorcio", como una alternativa para resolver un conflicto. Una discusión es solo una prueba por superar, un obstáculo por vencer, un momento que pasa. Por eso, debo contener-

> *Las emociones alteradas producen pensamientos distorsionados.*

me de decir algo que lastime o siembre dudas en la persona que amo, y a la que le he jurado amor para toda la vida.

+ **"No me pasa nada, no estoy enojado".** Sin embargo, tiramos la puerta, y castigamos con el silencio y la indiferencia. Si algo nos molesta, es bueno expresarlo porque no decirlo despierta una imaginación que vuela libremente. O bien podemos pedir un tiempo para enfriar las emociones, y luego expresar lo que estamos sintiendo. Pero decir que no pasa nada es imposible de creer porque nuestra conducta dice lo contrario.

+ **"No me gusta que actúes como tu madre o tu padre".** Todos sabemos que esta comparación no se refiere a una característica positiva. Lo hacemos en medio de un conflicto, y lo que deseamos resaltar es una actitud negativa. Por eso no es un buen argumento para expresar que algo nos disgusta. Es mejor decir directamente lo que nos lastima o nos disgusta.

+ **"Ya no me amas, y no te importamos".** No juzgue los sentimientos de su cónyuge en medio de un momento de conflicto. Lo que sí puedo hacer es evaluar mis sentimientos y mis pensamientos, pero no a mi cónyuge. Tampoco ponga palabras en la boca de su cónyuge si él no las ha dicho. No suponga; esto lastima a la otra persona y mata el amor.

No es importante enumerar otras frases. Podríamos preguntar a nuestro cónyuge, y es la mejor forma de aprender a dejar de decir cosas que lastiman.

Si ha dicho algo que lastimó a su cónyuge, discúlpese con sinceridad, y decida que no lo hará más. Es importante recuperar la confianza, decir claramente lo que le duele, y llegar al acuerdo de no volver a decir lo que lastima a quien ama.

Tenga una actitud conciliadora. No juzgue, no le critique. Tenga siempre una palabra de aprecio y de reconocimiento. El amor nació para quedarse y tiene su origen en el respeto. Es más satisfactorio resolver un conflicto que disolver una relación y herir a quienes hemos amado. **Es más gratificante llegar a un acuerdo que ganar una discusión.**

> *Es más satisfactorio resolver un conflicto que disolver una relación y herir a quienes hemos amado.*

Terminar una relación es fácil; simplemente tenemos que dar rinda suelta a nuestro enojo. Pero requiere esfuerzo suficiente resolver el problema, pedir perdón, y rectificar nuestra conducta. La recompensa que recibimos al permanecer en casa con la mejor actitud es mayor que la imposición de un capricho. Esto nos convertirá en mejores personas, y estaremos más cerca de la persona que amamos, tendremos una mejor capacidad para enfrentar las diferencias, y seremos más sensibles a los sentimientos de los demás.

Madurez no significa ausencia de problemas, sino encontrar la forma correcta de resolverlos.

Frente a un conflicto:

- **Reconozca que tienen un problema por resolver.**
  No nos ayuda ignorar nuestras diferencias, o no
  reconocer que estamos enojados. Es mejor admitir
  que tenemos un conflicto. Esto nos permite tratar el
  enojo, la frustración o el dolor.

- **Permanezca ahí; no se retire tratando de huir.** Se
  requiere valentía, humildad y dominio propio para
  lograr permanecer con la actitud correcta.

- **Pida tiempo fuera.** Es la expresión que indica en
  el baloncesto un tiempo para detener el juego, y
  establecer la mejor estrategia para continuar. En
  este caso sería para enfriar las emociones alteradas,
  y aclarar el pensamiento.

- **Por nada del mundo hable enojado.** Podría herir
  a quien ama. Es mejor guardar silencio hasta estar
  tranquilo. Más importante que tener la razón es
  conservar la relación.

- **Un regalo no resuelve un conflicto.** Puedo llegar
  con un obsequio y con una buena disposición para
  dialogar, pero no puedo pretender creer que un
  regalo resuelve la diferencia.

- **Si es importante para su cónyuge que hablen
  del tema, no lo subestime.** Otorgue al conflicto la
  importancia que merece.

- **No ataque a su cónyuge.** Enfóquese en el tema a resolver. No es saludable atacar la inteligencia, las emociones, la familia o las reacciones de su cónyuge.

- **No culpe a su cónyuge.** Dialoguen y asuman la responsabilidad. Culpar al cónyuge implica que le estoy censurando sin darle la oportunidad de exponer su punto de vista.

- **Reconozca sus propios errores**; esto facilita el diálogo.

- **No lleve cuentas pendientes.** El tema en discusión es un tema único, y no se debe mezclar con situaciones del pasado. Al pasado solo vamos para aprender, pero no para lastimar.

- **Pida perdón y exprese arrepentimiento.**

- **Si la otra persona lo permite, abrácele**, y no diga nada por unos minutos. Solamente tengan contacto físico. Esto nos recuerda que nos amamos, y que nosotros somos más importantes que el conflicto mismo.

Alcanzamos madurez cuando somos capaces de enfrentar nuestras diferencias de la mejor forma posible.

Enemigo #8: La interferencia de los suegros

Una de las situaciones que lastiman las relaciones matrimoniales ocurre cuando los padres se involucran erróneamente en el matrimonio de sus hijos. Esta hija se queja constantemente porque su madre le dijo que se casó con la persona equivocada, que no debía haberse casado con él porque no es una buena persona, que él no le conviene. Su desesperación es tal, que aun ha pensado en el divorcio, pero al reflexionar a profundidad lo que está viviendo, se da cuenta que su mamá está celosa por lo que ella tiene en su matrimonio.

Su madre es divorciada y producto de esta situación, amargó su vida. Nunca habla nada bueno de nadie, solo ve lo malo en las personas, y no quiere que su única hija se aleje de ella. Pero la mamá le cuida sus dos hijos, y esto hace que se encuentren todos los días, lo cual le pone en un conflicto, porque cada vez que se ven le habla mal de su esposo. Según sus propias palabras: "Creo que ella quiere que me vaya mal como le fue a ella, pero mi esposo es bueno, noble, cooperador, me ama, y no veo por qué debo dejarlo".

El primer mandamiento del matrimonio es: *"Por eso el hombre deja a su padre y a su madre, y se une a su mujer, y los dos se funden en un solo ser"* (Génesis 2:24). Es interesante que Dios establezca este mandamiento como el primer paso del matrimonio. Venimos de tener una convivencia fuerte con nuestros padres, y nunca dejarán de ser nuestros padres, y personas importantes en nuestras vidas. Pero establecer la independencia de ellos no es fácil, principalmente si tenemos padres dominantes, codependientes, o padres que aman demasiado.

Esto se complica cuando los padres trasladan sus propios miedos a sus hijos, o cuando los hijos se casan con alguien que no les cae muy bien a sus padres. Entonces se establece una lucha de poder. Por eso es importante que todo matrimonio viva emocionalmente distante de sus padres, y establezcan la independencia que necesitan para construir una nueva historia de amor.

Si no se cumple este mandamiento, el matrimonio va a sufrir mucho, y se verán en una encrucijada muchas veces: "¿A quién escucho... a mis padres o a mi cónyuge?". Yo mismo cometí este error al vivir los primeros seis meses de mi matrimonio en la casa de mis padres. En ese tiempo Helen era como una hija más, le daban órdenes, le decían lo que haríamos en el día, a dónde iríamos de vacaciones... Esto trajo confusión en mi rol. Me preguntaba: "¿Ahora qué soy; un hijo, un hermano, o un esposo?". ¿Cuál era mi prioridad?

El día que tomamos la decisión de irnos de la casa a alquilar un pequeño apartamento, mi mamá se ofendió porque sintió que estaba menospreciando la ayuda que nos estaban dando. Esto fue triste, y al principio no fui comprendido. Me había casado y necesitaba ser responsable de sostener económicamente mi familia, y enfrentar la vida por mí mismo al lado de Helen. Fue un tiempo muy doloroso porque mis padres querían hacer lo mejor por nosotros, pero el principio bíblico es claro: quien se casa debe dejar a padre y madre para establecer una nueva, única y particular unidad, es decir, una familia con dinámica propia.

> El matrimonio debe establecer su independencia.

Si los matrimonios no establecen esta independencia de sus padres van a sufrir mucho, y podrían tener problemas interminables. Si están viviendo esta situación, es tiempo de hablar del tema y elaborar un plan para establecer su propio ritmo y forma de ser, como lo hace todo matrimonio cuya relación es saludable, y saben vivir con independencia y madurez.

No es fácil terminar con la interferencia de los padres. Requiere valentía, firmeza y distancia, pero debe lograrse. Se logra cuando el matrimonio toma sus propias decisiones. No significa menospreciar a los padres ni disgustarse con ellos; significa establecer la independencia.

Cuando mi hijo Daniel se iba a casar con Rocío, les dije: "A partir de ahora, son un matrimonio, libre, independiente y soberano". Ambos rieron, pero era necesario decirlo porque como padre, muchas de mis opiniones podrían parecer órdenes. Les aclaré que siempre serían recomendaciones, y que ellos tomaban sus propias decisiones. Bueno, este diálogo no solo era con ellos, era conmigo mismo, porque debía ubicarme en mi nueva posición.

Enemigo #9: Asumir el rol equivocado

El matrimonio es el encuentro de dos personas adultas, que habiendo alcanzado su libertad, independencia y madurez se saben responsables de su propia felicidad y destino. Es a partir de esa premisa que establecemos una relación fundamentada en la responsabilidad individual de alcanzar cada uno su propia felicidad, y contribuir a la felicidad del otro. Pero en algunos matrimonios ella juega el papel de madre de su esposo, corrigiéndole en todo, diciéndole lo que debe hacer y lo que no debe hacer, resolviendo sus problemas, y disculpándole cuando se equivoca. No podemos jugar el rol equivocado. Somos esposo y esposa, no padre o madre de nuestro cónyuge. El día que nos comencemos a tratar como dos adultos responsables, ese día descubriremos en la otra persona cosas que no habíamos visto antes. Asumirá sus responsabilidades, y actuará conforme al rol que le corresponde.

> *El matrimonio es el encuentro de dos personas adultas, que habiendo alcanzado su libertad, independencia y madurez se saben responsables de su propia felicidad y destino.*

Si hemos jugado el rol equivocado, es hora de disculparnos para iniciar de nuevo.

¿Qué ocurre si la otra persona no lo hace? No es nuestra responsabilidad ser el padre o la madre de nuestro cónyuge. El secreto está en tratar a nuestro cónyuge como se trata a un adulto.

Hagamos un pequeño examen:

+ ¿Intenta educar a su cónyuge?

+ ¿Piensa que su cónyuge no es un adulto capaz de relacionarse como corresponde?

+ ¿Siente que si usted no lo hace, su cónyuge será incapaz de hacerlo?

Ella dijo:

"Me siento en la obligación de educar a mi esposo siempre. Creo que mi esposo es como un niño que debo terminar de formar. Lo peor de todo, es que a él parece gustarle el rol que he asumido".

Esto ocurre porque los hombres se acomodan fácilmente a la situación. Por eso en este tiempo encontramos muchos hombres que dejaron de actuar como tales, porque se casaron con una mujer que juega un rol de madre. ¿Quiere evitar asumir el rol incorrecto?

No mime a su esposo como si fuera un niño. Amele y trátele como se trata a un adulto. Él se sentirá más cómodo y respetado.

No caiga en la trampa. El hecho de que su esposo se comporte como un adolescente, no le legitima para que usted se comporte como una madre. Por el hecho de que su esposo no cumpla sus obligaciones, no tiene que salir a rescatarle como si fuera un niño. Controle el instinto materno que lleva por dentro; trate a su esposo como a un adulto. Si usted ve a un amigo asumir conductas infantiles, no corre a socorrerlo o lo regaña como si fuera un niño; simplemente le respeta. Es lo mismo que debe hacer con su esposo.

Evite regañar a su cónyuge por todo. Él no es su hijo. Permita que él asuma la responsabilidad de su comportamiento. Nada es más gratificante que sentirse en la libertad de ser uno mismo porque es respetado. Si hay algo qué cambiar, permita que él sea consciente y lo haga porque desea hacerlo. No significa que no nos recordemos las cosas. Es que lo hagamos con el respeto que merece el adulto que vive conmigo. Esto transmite dignidad, respeto y aceptación.

Evite los gestos propios de una madre o de un padre. Es otra de las formas en que expresamos una conducta materna o paterna. Estos gestos deben evitarse porque molestan a la otra persona. Es diferente cuando nos dirigimos a nuestro cónyuge con gestos propios de un matrimonio.

La mejor forma de comunicarnos es con peticiones, sugerencias, y generando el espacio para que la otra persona responda a lo que le estamos pidiendo.

Es tiempo de eliminar los insultos, las palabras hirientes, los gestos ofensivos, y la actitud dominante. Ha llegado el momento de expresar dignidad, respeto, consideración y tolerancia; todo eso que nos acerca, nos dignifica

Es mejor amar que rechazar.

y nos invita a amarnos más. **Es mejor persuadir, alentar, respetar, que manipular, enojarse o insultar.** Es mejor amar que rechazar.

Enemigo #10: Nos prohibieron amar

Ella dijo:

"No llores porque eso demuestra debilidad. El mundo es de los fuertes, no de los débiles. Es la forma en que mi mamá y mi papá me educaron. No lloraba nunca; aprendí a llorar en la iglesia. No soy de expresar afecto. Puse una coraza de protección porque no aprendí a expresar emociones fácilmente.

"Mis padres son buenos, pero no expresan sentimientos. He aprendido a tener relaciones más cercanas con personas que aprecio, pero no sé cómo expresar afecto. Mis hijas son así como soy yo: 'No me toquen mucho, no quiero que estén cerca'. Con todo el mundo hay un límite. Admiro a los que se relacionan abiertamente con todos, pero yo soy más controlada.

"No soy de las que llora, pero me duele que mi esposo me diga que no llore cuando quiero hacerlo. Cuando él me dice eso, me recuerda a mis padres. Él no sabe lidiar con mis lágrimas.

"Cuando eres así, la gente piensa que no sientes, porque te ven fuerte. Pero sí sientes, solo que no lo expresas. Encima, la gente te malinterpreta. Al contrario, uno sí lo siente, y lo siente más porque expresa menos".

La pregunta que surge es: ¿Quién nos prohibió amar? ¿Quién nos dijo que expresar sentimientos es un acto de debilidad? ¿Quién nos lastimó a tal punto que un día dijimos: "Nunca nadie me lastimará más"? Y cerramos el corazón.

> *Todos nacimos con la necesidad de amar.*

Nacimos para amar y ser amados, nacimos para reír, y también llorar por amor. Nacimos para abrazar y dejarnos abrazar. Nacimos para escuchar y ser escuchados. Todos nacimos con la necesidad de amar.

Algunas de las causas por las que renunciamos al amor son:

Nos prohibieron amar porque creemos que la única forma de expresar amor es por medio del amor romántico. Esto nos hace pensar que la sensación que experimentamos en el amor romántico solo se vive en esa dimensión. Creo que el amor se puede manifestar en muchas formas. El amor también se expresa en amistades que apreciamos, compañeros que convertimos en amigos, y en actos de compasión que nos roban el corazón. Por ejemplo, escuché de una familia que tiene veintiún niños adoptados. Los recursos no abundan, pero sí abunda el amor que se tienen.

Nos prohibieron amar porque se ha visto como una expresión de debilidad.

Nos impedimos amar porque tenemos miedo a ser heridos nuevamente.

No retenga el volcán de amor que inunda su corazón. Canalice todo el amor que tiene; otórguelo a las personas que le rodean. Busque una causa en la cual pueda hacer grandes a otras personas. Exprese el amor donde quiera que esté. No tenga miedo de amar, aunque le hayan decepcionado en el pasado.

> *Canalice todo el amor que tiene; otórguelo a las personas que le rodean.*

Enemigo #11: La cultura de hoy

Muchas veces la fuerza de la costumbre, la seguridad que otorga el matrimonio y los conflictos no resueltos nos llevan a descuidar la relación. De repente, nos damos cuenta que nos robaron el amor, o lo tiramos por la borda. Le transcribo lo que me expresó un joven con tan solo cinco años de matrimonio. Esta es una evidencia de lo que nos ocurre cuando descuidamos el tesoro más valioso que tenemos: nuestra familia.

> "Estoy sufriendo mucho. Mi esposa se marchó hace seis meses y eso me tiene destrozado. Debo reconocer que me descuidé, comencé a coquetear con amigas, no le prestaba atención a ella, y cuando me decía que habláramos, le decía que no tenía tiempo. Aun me dijo que buscáramos ayuda, le dije que nosotros podíamos resolver nuestras diferencias, y que no le contaría a

nadie mis cosas. Pero ahora es ella la que está indiferente, y me dice: 'Te quiero, pero ya no te amo'. Yo le insisto que vayamos a consejería, pero ella no quiere. Me dice que lo nuestro se terminó. Me he concentrado en buscar a Dios, y mis amigos me dan su respaldo, pero siento un vacío profundo. Lamento haber descuidado el amor que un día tuvimos. Yo le digo que la amo, que nos demos una nueva oportunidad, pero ella no quiere nada conmigo. Me dice que está mejor así. Ahora me digo a mí mismo, ¿por qué no aprecié lo que tenía?".

Hemos crecido en una cultura que menosprecia el amor, y sin darnos cuenta nos ha robado la capacidad de amar; eso que lo hace crecer, lo cultiva, lo aprecia y lo protege. Cuando asumimos consciencia de lo que nos está ocurriendo, parece que es tarde. Por esta razón debemos cambiar no solo nosotros, sino toda una cultura, para que tengamos matrimonios sólidos y bien fundamentados.

Recuperar el amor, como en el caso anterior, parece una misión difícil, pero no es imposible. Podría tomar tiempo, hay que comenzar de nuevo para hacerlo bien, apreciar lo importante, atendernos mutuamente, y recordar que las heridas provocadas deben sanar, y el primer paso es pedir perdón.

> *Cuando perdonamos, nos liberamos del dolor del pasado, volvemos a creer, y restablecemos vínculos fuertes.*

¿Qué debo hacer para recuperar el amor? No espere que la otra persona cambie. Conquiste su corazón por medio del perdón; ese perdón que produce paz y abre la puerta a la esperanza. Cuando perdonamos, nos liberamos del dolor del pasado, volvemos a creer, restablecemos vínculos fuertes, y las personas nos comportamos como adultos.

Llegó el momento de volver a llorar por amor, de reír con el que amo, de planear nuestro futuro con ilusión y de abrirnos al amor de Dios, el que restaura, sana y nos potencia.

Enemigo #12: El temor al otro

En algunos matrimonios uno de los dos atemoriza al otro, y la víctima hace silencio. Es evidente el temor que le tiene: nunca hay diferencia de criterio, sinceridad, o una voz distinta. Parecen matrimonios donde todo está bien; simplemente hay un dictador y una persona dócil en extremo, donde la subyugación es notoria. Pero en el fondo el dolor está presente, y en silencio debilita la relación.

Enemigo #13: La crítica

En algunas familias, el nivel de crítica es constante. No pueden hablar para edificarse el uno al otro; la burla y la crítica son dominantes. Esto les ha llevado a vivir a la defensiva, pero en el fondo están heridos. Parecen personas libres, pero no lo son, porque la crítica les ha herido y la utilizan como un mecanismo de autodefensa.

Enemigo #14: La religiosidad

Otras familias viven el síndrome de la religiosidad. Es decir, en la iglesia son la familia perfecta, conocen todos los protocolos, cumplen con todos los requisitos que la religión impone, y aún más; pueden cumplir con puestos importantes. Pero en casa sus vidas se transforman. Al llegar a casa prevalece el grito, la agresión y las malas palabras. Eso se llama hipocresía.

Normalmente este tipo de familias existe en ambientes cargados de legalismo, donde la religiosidad se vive a partir de las reglas, y no a partir del amor que transforma y produce una vida coherente con lo que se cree.

Estas familias sufren mucho, y sus hijos, al crecer, quieren salir corriendo de esa iglesia porque están hartos de la hipocresía. Nunca olvido el día que atendí a la hija de una familia así. Su preocupación era porque una hermana suya tenía un novio de otra congregación, y su padre la había corrido de la casa. Todos querían ayudarla, pero tenían que hacerlo en secreto porque si el padre se enteraba, podría marginarlos también. Ella indicaba que su papá ocupaba un puesto muy alto en esta congregación, y él no soportaría que se dijera algo malo de su familia.

En casa, este padre gritaba, agredía y maldecía a la familia. En esta familia todo es apariencia, pero no hay coherencia entre el discurso y el verdadero transcurso de la vida cotidiana. En esta familia no hay vida, y menos reina la paz.

¿Quién quiere vivir en una familia con este nivel de hipocresía? ¿Se imagina a la esposa diferir en público con su esposo, o que le corrija un dato incorrecto? No me imagino el gran conflicto que se armaría en casa luego. En un ambiente cargado de religiosidad, parecemos perfectos, uniformados, pero las personas no tienen vida propia, criterio, alegría, libertad y paz. Esta religión es hueca, vacía y sin vida. No es el plan de Dios que vivamos de esta forma.

Enemigo #15: Falta de balance en la vida

Hoy la vida parece que es una carrera por hacer dinero, ascender y tener más. Tanto el esposo como la esposa trabajan largas horas al día, pasamos horas en las carreteras intentando llegar al trabajo, y al llegar a casa estamos exhaustos. Es una realidad en la mayoría de las ciudades grandes. La pregunta que surge es, ¿quién está disfrutando el fruto de mi trabajo?

Bien lo dice el libro de Eclesiastés.

"Hay un mal que he visto debajo del cielo, y muy común entre los hombres: El del hombre a quien Dios da riquezas y bienes y honra, y nada le falta de todo lo que su alma desea; Pero Dios no le da

facultad de disfrutar de ello, sino que lo disfrutan los extraños. Esto es vanidad, y mal doloroso" (Eclesiastés 6:1-2 RVR 1960).

La pregunta que surge ante esta sabia reflexión del libro de Eclesiastés es ¿por qué hago lo que hago? ¿Qué me impulsa a hacer lo que hago? ¿Será por competir con los demás, por vanidad, o porque verdaderamente la vida es así? Si la vida es así, debo en medio de este mundo tan ocupado aprender a detenerme para disfrutar el fruto de mi trabajo. Surge la pregunta: ¿La capacidad de disfrutar es un don que puedo producir? ¿Cuál es mi parte? Es el mismo libro de Eclesiastés el que responde esta pregunta existencial que no podemos pasar por alto.

*"He aquí, pues el bien que yo he visto: que lo bueno es comer y beber, y gozar uno del bien de todo su trabajo con que se fatiga debajo del sol, todos los días de su vida que Dios le ha dado; porque esta es su parte. Asimismo, a todo hombre a quien Dios da riquezas y bienes, y le da también facultad para que coma de ellas, y tome su parte, y goce de su trabajo, **esto es don de Dios.** Porque no se acordará mucho de los días de su vida; pues Dios le llenará de alegría el corazón"* (Eclesiastés 5: 18-20 RVR 1960).

Por esta razón debo pedir a Dios el don de disfrutar la vida: eso que me permite contemplar a mi familia hasta llorar por amor; lo que me permite distinguir que la verdadera riqueza tiene que ver con la capacidad de disfrutar las oportunidades que Dios me ha dado. No es algo que se puede comprar o regalar. Es algo que viene de la mano de Dios.

> *La verdadera riqueza tiene que ver con la capacidad de disfrutar las oportunidades que Dios me ha dado.*

Es interesante pensar que el afán y el trabajo duro no son cosa de tiempos actuales; es algo que siempre ha existido. Quien quiere progresar debe trabajar, estar enfocado, ahorrar, invertir, y proyectarse en el tiempo. Pero **el fruto del trabajo se mide en dos sentidos: la riqueza** que se multiplica en bienes y poder económico, y la capacidad de disfrutar con gozo ese fruto. Se traduce en detenerse para comer, alegrarse, compartir con su familia, y dejar una herencia a las futuras generaciones. Ambas cosas son un regalo de Dios, un don que viene de nuestra relación con Dios, lo cual nos impone la humildad de pedir a Dios el don de disfrutar la vida para poder alegrarnos con nuestra familia, con nuestros amigos, y hacer el bien a la comunidad en la que crecemos.

Definitivamente hay algo que yo no puedo producir. Es el gozo, la felicidad, la plenitud y el contentamiento que son frutos de la gracia de Dios. Debemos pedir este don para poder vivir plenamente el propósito de la vida, tal y como lo describe el libro de Eclesiastés.

> *"Yo sé que nada hay mejor para el hombre que **alegrarse y hacer el bien** mientras viva; y sé también que es un don de Dios que el hombre coma y beba, y disfrute de todos sus afanes"* (Eclesiastés 3:12-13).

Alégrese, haga el bien a los demás, disfrute las cosas pequeñas de la vida, contemple, ame, abrace, y tenga un corazón agradecido. Esto es lo que nos faculta para amar a los que tenemos a nuestro lado. Nuestro estado de ánimo será el mejor; será placentero para que los demás estén cerca de nosotros. Nuestra familia se sentirá inspirada por un estilo de vida lleno de gratitud, alegría, fe, esperanza y buen ánimo. La felicidad, la paz, el gozo, la plenitud, y la esperanza no las otorga la mucha ocupación ni el éxito económico. Es un don que viene de Dios y un regalo del cielo que debemos pedir con humildad. A Dios le ha placido otorgarnos esto.

> *Nuestra capacidad de amar es proporcional a nuestra capacidad de disfrutar.*

Nuestra capacidad de amar es proporcional a nuestra capacidad de disfrutar. Si estamos angustiados, si vivimos con reclamos, con estrés, angustiados y preocupados, nos será muy difícil amar a los demás. Para crecer en nuestra capacidad de amar tengo que aprender a disfrutar el tiempo que vivo, porque *"Todo lo hizo hermoso en su tiempo; y ha puesto eternidad en el corazón de ellos, sin que alcance el hombre a entender la obra que ha hecho Dios desde el principio hasta el fin"* (Eclesiastés 3: 11 RVR 1960).

La familia y el trabajo no se excluyen; se complementan y se necesitan mutuamente. Por eso, en el trabajo hable bien de su familia, y en casa hable bien de su trabajo.

Conversaba con mi amigo Pablo, un caballero de 78 años que admiro y respeto. En medio de la conversación hice la pregunta que siempre quiero hacer: "Si volviera a nacer, ¿qué haría diferente?". Luego de la pausa, él respondió sin titubear. "Invertiría más tiempo en mi familia... les abandoné mucho por causa de mi trabajo, y esto ocasionó que aún hoy tenga problemas de comunicación con Pablito, mi hijo mayor. Pablito tiene 54 años y cuando nos vemos, nos quedamos sin tema de conversación". Se lo cuento para que no le ocurra. Si piensa que es tarde, no es cierto, porque nunca es tarde para cambiar. Mientras vivamos, podemos restaurar nuestra manera de pensar y de actuar.

> *Mientras vivamos, podemos restaurar nuestra manera de pensar y de actuar.*

Los padres y principalmente las madres que trabajan fuera de casa, en ocasiones se sienten culpables porque les parece que no comparten lo suficiente con su familia. Les falta tiempo para cumplir con todas sus tareas, y sienten que si algo sale mal en el hogar, es porque al trabajar fuera de casa no pueden atender adecuadamente a su familia. Valoremos el privilegio que tenemos de ser parte de una familia, y la oportunidad de trabajar para realizarnos profesionalmente, servir a la comunidad y traer sustento digno al hogar. No vivamos con culpa. Estructuremos lo mejor posible nuestro tiempo, compartamos las responsabilidades con los miembros de la familia. No nos sintamos mal porque no pudimos realizar todas las tareas; lo más importante es saber que dimos nuestro mejor esfuerzo. Apreciemos los beneficios que nos otorga el trabajo, y la bendición de tener una familia a la cual amamos.

Los niños no cuestionan que sus padres trabajen, lo ven como algo natural. Sí cuestionan los aspectos negativos que el trabajo trae a la casa, como por ejemplo, el mal humor, el cansancio en exceso, y el no poder cumplir las promesas hechas, por imprevistos del trabajo. Los niños reaccionan al mal manejo que le damos al tema laboral. Un ejemplo es cuando usamos el trabajo como excusa para no cumplir una promesa en lugar de asumir la responsabilidad, y darle la prioridad que merecía la cita que teníamos con la familia.

El padre exitoso, tanto en el trabajo como en la crianza de sus hijos, es aquel que ha fijado con claridad sus prioridades, y con sus actos ha transmitido a su familia que ellos ocupan un lugar importante en su vida.

> *El padre exitoso ha fijado con claridad sus prioridades.*

Los padres que dedican tiempo a sus hijos, ríen con ellos, juegan, conversan, y se divierten juntos, tendrán como resultado niños que se sienten felices de tenerles como padres, y valorarán todo lo que sus padres hacen en sus trabajos. Las dificultades hogar – trabajo se dan cuando las actividades laborales toman la mayor parte del tiempo, y el estrés invade el hogar, predisponiendo a los padres al mal humor.

Es nuestra responsabilidad expresarnos positivamente en casa sobre nuestro trabajo, ya que los niños y el cónyuge necesitan percibir que disfrutamos lo que hacemos. Necesitan escuchar que somos capaces de resolver los problemas que surgen, y que se alcanzan triunfos en este ámbito de la vida. Por lo tanto, tomemos la decisión de hablar siempre bien en el hogar, sobre el trabajo, nuestros colegas y nuestros jefes.

¿Cuándo se encienden luces rojas que indican desequilibrio entre el trabajo y el hogar? Cuando...

+ Se trabajan muchas horas al día sin descanso.

+ No se toman vacaciones.

+ Todo el tiempo estamos pensando en el trabajo.

+ La tensión nos ha robado la paz.

+ El trabajo se convierte en una angustia en lugar de una fuente de realización.

+ Nada del trabajo nos satisface.

Es necesario que atendamos estas luces rojas que indican desequilibrio, pérdida de motivación y exceso de tensión.

El trabajo comienza a dañar las relaciones familiares cuando nos molestamos con el jefe, con los compañeros, con el salario, y con el sistema de trabajo. Acumulamos tensión, explotamos fácilmente, y nos volvemos poco cooperadores. No nos permitamos llegar a este punto. Comuniquemos lo que sentimos, y cambiemos de trabajo si es necesario. Resolvamos lo pendiente y recobremos la ilusión por el trabajo, porque esto nos traerá paz en todas las áreas de nuestra vida.

En el trabajo debo sentirme satisfecho, motivado, con iniciativa, y con creatividad. El fruto del trabajo es para ser compartido

> *Recobremos la ilusión por el trabajo, porque esto nos traerá paz en todas las áreas de nuestra vida.*

con mi familia. Es por esto que ellos deben conocer y valorar lo que hago en mi trabajo, a mis compañeros y a mis jefes. Para esto es necesario que conozcan la naturaleza de mi trabajo, el nivel de dificultad, y la historia de la compañía donde laboro. Esto desarrolla identificación y reconocimiento mutuo.

El deseo de la familia es que los padres guarden algo de energía al llegar a casa. Por eso, camino a casa, desconéctese del trabajo e ilusiónese con la familia. Antes de hacer cualquier cosa en casa, tome tiempo para abrazar a su familia. Es el momento de contar un buen chiste, reír un poco y decir muchas veces "te amo."

No dejemos que el trabajo rivalice con nuestra familia. Establezcamos límites y horarios para dedicar a cada uno el tiempo necesario. El trabajo debe sacar lo mejor de mí. Esto proveerá realización, e impactará directamente a mi familia.

Cuando dedicamos tiempo a quien amamos, comprendemos lo que le duele, nos identificamos con sus problemas y temores, pero sobre todo, le acompañamos en sus ilusiones y sueños.

En los siguientes capítulos entenderá la importancia del perdón para que el amor prevalezca en el matrimonio, y la relación se fortalezca. Sobre todo, se interesará en saber cuál es el lenguaje del perdón de su cónyuge.

¿Cuándo el trabajo se puede volver un peligro?

1. Cuando por el trabajo sacrifico a la familia. Aquí se está arriesgando la familia, la salud emocional y el equilibrio personal.

2. Cuando más que amar el trabajo, nos volvemos adictos a los elogios, al reconocimiento y a la aprobación. Hay personas que no son adictos al trabajo, sino al reconocimiento que pueden obtener en él. No saben qué hacer fuera de la oficina aunque tengan familia.

3. Cuando el trabajo se ha vuelto una carga, y lo percibimos como un castigo.

4. Cuando los problemas no resueltos de su trabajo amenazan la paz personal y esto afecta a la familia. No significa que no lo vivamos en algún momento, pero no puede ser una constante.

Ejercicio: Los enemigos del amor en su matrimonio

1. La falta de perdón
2. El pasado domina el presente
3. La indiferencia en el trato
4. Descuidarse físicamente
5. La indiferencia sexual
6. Los celos enfermizos
7. La mala comunicación
8. La interferencia de los suegros
9. Asumir el rol equivocado
10. Nos prohibieron amar
11. La cultura de hoy
12. El temor al otro
13. La crítica constante
14. La religiosidad
15. Falta de balance en la vida

Le invitamos a responder a las siguientes preguntas. Sugiérale a su cónyuge que también las responda por separado. Esta es una oportunidad para conversar sobre algún asunto que les esté afectando. Si ambos creen que es el momento de comentar las respuestas sin enjuiciarse ni atacarse el uno al otro, intercambien sus puntos de vista con amor, respeto y buen ánimo. Si alguno de los dos no está dispuesto a compartir sus respuestas en este momento, escojan otra ocasión y lugar.

1. Revise la lista de los 15 enemigos del amor conyugal. ¿Cuáles de ellos puede identificar como enemigos de su matrimonio?

_____

_____

_____

2. ¿Hay para usted algún otro enemigo del amor, aparte de la lista que presentamos?

_____

_____

_____

3. Describa cómo los enemigos del amor afectan su matrimonio

_____

_____

_____

_____

_____

4. ¿Qué medidas han tomado para superar las situaciones que están enfrentando?

_____

_____

_____

_____

5. Recuerde y escriba algún incidente o situación que haya causado dificultades entre ustedes. ¿Cómo reaccionaron en el momento? ¿Fue necesario pedir y otorgar perdón debido al incidente? ¿Se pidieron perdón? ¿Se perdonaron?

_____

_____

_____

_____

6. Regrese al capítulo 1. Describa cuál es la "normalidad" de su matrimonio. ¿Es similar a la descrita en este capítulo? Si lo es, ¿ha pensado cómo mejorar la situación?

_____

_____

_____

_____

7. Si usted se convenciera de que tiene el poder de cambiar las situaciones conflictivas en su matrimonio, ¿cuáles cambiaría y cómo? ¿Cómo mejoraría lo que ya es bueno?

_____

_____

_____

_____

8. ¿Qué opina sobre el perdón, el amor, y la permanencia del matrimonio?

_____

_____

_____

_____

9. ¿Cómo lo que ha leído hasta ahora ha modificado sus conceptos y sus conocimientos?

_____

_____

_____

_____

PARTE II

El lenguaje del perdón

CAPÍTULO 5

Superemos las crisis

"Cuando no sepamos qué decir, simplemente abracemos y escuchemos. Eso será suficiente."

En ocasiones no perdonamos porque sentimos que si lo hacemos, estamos legitimando a la otra persona para que nos siga ofendiendo y lastimando. Al perdonar, no estamos aceptando o validando lo que ocurrió. No otorgamos el perdón para que la otra persona siga con la misma conducta. **Perdonamos para eliminar el dolor que nos ha provocado la ofensa.** Es lo que nos retorna la libertad para comunicar que nos sentimos ofendidos por lo ocurrido, pero sin odio ni rencor.

El perdón trae paz al corazón, aclara los pensamientos y nos ayuda a ordenar nuestras emociones. Por eso, antes de comunicar lo que sentimos, debemos perdonar. Si hablamos emocionalmente afectados, posiblemente vamos a ofender de la misma forma que fuimos lastimados, lo cual va a crear un ciclo que

> *El perdón trae paz al corazón, aclara los pensamientos y nos ayuda a ordenar nuestras emociones.*

nunca termina, donde nos ofendemos continuamente porque estamos heridos.

Al perdonar, estamos dándonos la libertad de expresar lo que nos dolió y nos produce enojo, dolor, indignación o frustración. Si no perdonamos, aumentamos nuestro dolor por el resentimiento que produce, porque estaremos viviendo nuevamente lo ocurrido cada vez que pensemos en lo que experimentamos. Por eso debemos detenernos para no permitir que el dolor permanezca más del tiempo debido. Al estar lastimados, debemos perdonar lo más pronto posible. Reiteramos la manera en que Jesús nos instruye al respecto: *"«Si se enojan, no pequen.» No dejen que el sol se ponga estando aún enojados,"* (Efesios 4: 26).

Cuando perdonamos a nuestro cónyuge, estamos reconociendo que estamos heridos, que la otra persona no es perfecta, y que merece nuestra compasión y misericordia. Hemos sido llamados a perdonar como hemos sido perdonados.

> *"Por lo tanto, como escogidos de Dios, santos y amados, revístanse de afecto entrañable y de bondad, humildad, amabilidad y paciencia, de modo que se toleren unos a otros y se perdonen si alguno tiene queja contra otro. Así como el Señor los perdonó, perdonen también ustedes. Por encima de todo, vístanse de amor, que es el vínculo perfecto"* (Colosenses 3:12-14).

Si no perdonamos, quedamos atrapados por el odio y el rencor, y esto va a lastimar la relación y la confianza. Sin perdón solo veremos los errores, y no los aspectos buenos de nuestro cónyuge.

El perdón nos permite:

+ Ver lo ocurrido como un error.

+ Recuperar la paz y la capacidad de acercarnos confiadamente a nuestro cónyuge.

+ Borrar la lista de todas las ofensas recibidas.

+ Quitar la carga emocional que estanca nuestro crecimiento personal.

+ Dominar las emociones heridas.

+ Aprender el uno del otro.

+ Reconocer que somos capaces de mejorar.

Perdonar es lo que hace más agradable el viaje que hemos emprendido. Nos ayuda a reconocer que nuestro cónyuge tiene virtudes y también limitaciones, lo cual nos guía de la idealización al realismo. El amor es más real cuando nos aceptamos y nos disculpamos mutuamente, en lugar de idealizarnos. **La idealización nos guía a la decepción, y el amor a aceptarnos tal cual somos.**

> *El amor es más real cuando nos aceptamos y nos disculpamos mutuamente, en lugar de idealizarnos.*

Dios en el corazón de las personas es lo que establece la diferencia, porque el fruto de Su vida en nosotros nos transforma en personas llenas de paz, misericordia y compasión.

"En cambio, el fruto del Espíritu es amor, alegría, paz, paciencia, amabilidad, bondad, fidelidad, humildad y dominio propio. No hay ley que condene estas cosas. Los que son de Cristo Jesús han crucificado la naturaleza pecaminosa, con sus pasiones y deseos" (Gálatas 5: 22-24).

Mientras el perdón es una vivencia personal, la reconciliación supone que ambos lo deseamos, y que estamos listos para restablecer la relación a partir de la confianza, el respeto y la cercanía.

El perdón facilita la reconciliación, pero el que haya perdonado a la otra persona no supone una reconciliación automática. Normalmente la reconciliación requiere tiempo, espacio y diálogo. Una vez que hemos controlado nuestras emociones, procedemos a renunciar al enojo para perdonar, y así identificarnos con nuestro cónyuge. Eso facilita el análisis de lo sucedido, disculparnos mutuamente, acordar no repetir la ofensa y terminar fundidos en un abrazo que no deseamos que termine. En el fondo sabemos que no podemos vivir separados, ofendidos o con deseos de venganza. Nacimos para amarnos y para estar cerca.

Para que la reconciliación se dé, el ofensor debe pedir perdón, y el ofendido, aceptarlo. El perdón es el fundamento para iniciar la reconciliación sin rencores, reclamos, y dejando atrás lo vivido. Es lo que nos permite aprender y crecer juntos. Tal y como lo indica Santiago, cuando vivimos bajo la dirección divina, el ambiente en el hogar está lleno de paz y armonía. *"En cambio, la sabiduría que desciende del cielo es ante todo pura, y además pacífica, bondadosa, dócil, llena de compasión y de buenos frutos, imparcial y sincera"* (Santiago 3:17).

> *El perdón es el fundamento para iniciar la reconciliación sin rencores, reclamos, y dejando atrás lo vivido.*

El perdón y la reconciliación no se pueden obligar o manipular. Es algo que debe nacer de cada persona libre y voluntariamente. El perdón es personal y la reconciliación es una decisión de ambos. Yo no puedo obligar a mi cónyuge a que me perdone, o me pida perdón; esa es una convicción que debe nacer de cada uno. Porque nos amamos vamos a luchar por hacer prevalecer la cercanía, la confianza y la valentía de disculparnos cuando hemos lastimado.

El matrimonio es el mejor lugar para crecer porque al vivir juntos nos vamos a fallar, a ofender y definitivamente ambos nos vamos a equivocar. Pero **la receta para madurar es el perdón y la reconciliación,** eso que nos deja lecciones que no se olvidan, porque nos amamos.

Es en el matrimonio donde debemos sentirnos aceptados, amados y admirados, pero debo admitir que solo los valientes lo logran. No lo alcanza el orgulloso prepotente, y la persona herida. Lo logra el que desea crecer en su matrimonio, y reconoce que es una relación de personas imperfectas.

El matrimonio es el mejor escenario para aprender a amar, donde el carácter es pulido, la humildad es probada y el perdón nos reconcilia.

El perdón siempre debe otorgarse para liberarnos del dolor que llevamos por dentro, lo cual nos faculta para llevar una vida emocional saludable. Pero hay situaciones donde la reconciliación no debe darse. La reconciliación no se aconseja en aquellos casos donde el abuso, la agresión, los desórdenes psicológicos severos, o las adicciones ponen en riesgo la integridad del cónyuge o de los hijos. El matrimonio y la familia no es un lugar para tolerar los abusos o las agresiones. Debe ser el mejor lugar para vivir, un refugio emocional para cada miembro de la familia, y el lugar que nos despierta ilusión y alegría.

> *El matrimonio es el mejor escenario para aprender a amar, donde el carácter es pulido, la humildad es probada y el perdón nos reconcilia.*

Todo matrimonio va a enfrentar momentos difíciles, decepciones y crisis, pero son estos ingredientes los que podrían jugar a favor de la relación si aprendemos a superar los retos que la convivencia nos presenta.

El amor crece con el tiempo, y se fortalece en tanto vamos superando las crisis. Para lograrlo es necesario que cuidemos detalles como:

- **Sea agradecido con su cónyuge.** Aprecie cada detalle, reconozca el esfuerzo de su cónyuge, y exprese gratitud siempre.

- **Otorgue halago y reconocimiento.** Felicite a su cónyuge por sus logros personales. El reconocimiento nos permite sentirnos apreciados y valorados.

- **Elimine la crítica.** La crítica constante roba las fuerzas y nos distancia. Todos justificamos la crítica indicando que es "para que mejore". Pero la crítica no ayuda a mejorar; más bien nos hace sentir inadaptados, inútiles, incapaces y menospreciados.

- **Controle los celos injustificados.** Los celos desgastan cualquier relación, porque la relación se fortalece a partir de la confianza. Si trata a su cónyuge como a un adulto, tenderá a comportarse como tal.

- **Respete la forma de ser de su cónyuge.** Si respeta los gustos, los pasatiempos, y la forma de ser de su cónyuge, se verá atraído a usted porque el respeto nos invita a estar cerca.

+ **No discuta por todo.** Discutir por cosas insignificantes nos distancia porque nos desgasta emocionalmente y nos pone a la defensiva. Reserven energía para temas importantes, pero no discutan por cualquier motivo.

+ **No suponga que su cónyuge sabe.** Muchas veces deseamos que nuestro cónyuge "adivine" cómo nos sentimos, lo que estamos pensando y lo que deseamos. Es mejor comunicarnos directamente para expresar libremente lo que sentimos. Si no lo hacemos, vamos a caer en la decepción. Si nos comunicamos claramente fortalecemos la relación.

+ **Inspire confianza.** Muchas veces nuestro cónyuge no nos dice las cosas porque nos teme, y eso nos distancia. No intimide; inspire la confianza necesaria para que ambos se sientan en la confianza de expresar todo lo que consideren importante. Por ejemplo: "Tengo sueño, hablemos mañana".

Debemos procurar generar un clima de confianza en nuestro matrimonio, y por lo tanto tenemos que construir un ambiente de confianza en el que nos acerquemos libremente porque hemos decidido amarnos.

¿Qué nos acerca?

- **Animarnos y apoyarnos mutuamente.** Nos es más fácil animarnos y apoyarnos mutuamente cuando tenemos objetivos en común. Esto nos guía a desear el consejo y la cercanía de nuestro cónyuge. Animarnos el uno al otro impide que busquemos desilusionar y lastimar.

- **Expresarnos afecto y cariño** nos acerca, inspira confianza, despierta deseo por el ser amado, y nos otorga cercanía. Por eso el beso, el abrazo y la llamada inesperada para expresar cuánto le amamos, se convierten en lo normal.

- **Resolver nuestras diferencias** en un ambiente de respeto y tolerancia. Tener diferencias es normal, pero aceptarlas con respeto es la clave para acercarnos a quien amamos.

- **Tratarnos como adultos.** Al tratarnos como adultos, nos acercamos. Nos responsabilizamos de nuestros sentimientos, conducta y decisiones. Cada uno es responsable de su estado de ánimo y no depende de su cónyuge, sino que busca su realización personal y comparte lo mejor de sí con su cónyuge.

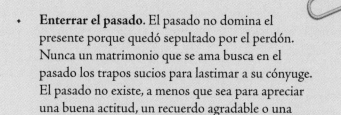

+ **Enterrar el pasado.** El pasado no domina el presente porque quedó sepultado por el perdón. Nunca un matrimonio que se ama busca en el pasado los trapos sucios para lastimar a su cónyuge. El pasado no existe, a menos que sea para apreciar una buena actitud, un recuerdo agradable o una lección de vida.

+ **Comunicarnos a partir de la confianza, la libertad y el respeto.** Es lo que permite que la relación crezca, en lugar de convertirse en rutina. Comunicarnos supone la confianza necesaria para expresar lo que sentimos con respeto y consideración.

+ **Ayudarnos mutuamente.** Al ayudarnos mutuamente, estamos diciendo que nos interesa, que construimos juntos. Ya no es un "yo"; ahora es un "nosotros". Lo tuyo es importante para mí y sé que mis necesidades te interesan. Por esta razón nos acompañamos y nos ayudamos voluntariamente.

Para acercarnos, tenemos que ser conscientes de lo que nos aleja, para eliminarlo: las palabras que hieren, el sarcasmo, la burla, las amenazas, las comparaciones, el menosprecio y la agresión. Porque nos amamos decidimos eliminar todo aquello que nos aleja, nos divide, nos separa o bien nos lastima. El perdón es el mejor puente para volvernos a unir.

Decidamos eliminar las frases que lastiman a nuestro cónyuge: "Eres igual a tu mamá, nunca vas a cambiar", "Ya vas con lo mismo de siempre", "Maldigo el día que nos casamos", "Yo me equivoqué", "Mejor terminemos esta relación".

Estas y otras frases como estas son fatídicas porque llevan una sentencia implícita. Yo no puedo lastimar a mi cónyuge con comparaciones, menosprecio o juicio.

Nacimos para:

+ Amar
+ Animar
+ Valorar
+ Apreciar
+ Consolar
+ Elogiar

Nacimos para reconocer y otorgar bendiciones que nos acerquen, y nos invitan a amarnos. No nacimos para estar distantes, indiferentes, enojados, heridos. Nacimos para amarnos, y el camino de la reconciliación es el perdón. Cuando amamos, deseamos que nuestro cónyuge brille, triunfe, crezca, y le vaya bien. Su alegría es mi gozo, y su éxito es mi realización.

> *El perdón es el mejor puente para volvernos a unir.*

Capítulo 6

Pedir perdón y perdonar

"Un corazón que perdona es capaz de construir
una nueva historia en su familia."

Pedir perdón y perdonar no es fácil, pero es lo más fascinante que nos puede ocurrir. Como bien lo han dicho muchos matrimonios, "el mejor momento que hemos vivido en nuestra relación es cuando nos reconciliamos". Es lo que permite que surja la paz, la esperanza, y se recobren la confianza, la intimidad y la cercanía.

Otorgar perdón es muy difícil cuando estamos experimentando enojo, frustración, dolor, rencor y amargura, porque nuestras emociones nos piden venganza, justicia y restitución. Pero pedir perdón es difícil porque requiere

Pedir perdón es difícil porque requiere humildad para reconocer el error, valentía para cambiar, y firmeza para no repetir lo que estuvo mal.

humildad para reconocer el error, valentía para cambiar, y firmeza para no repetir lo que estuvo mal.

Todo lo hermoso cuesta, y edificar un matrimonio sólido no es fácil, ya que todos de una u otra forma vamos a fallar. En ocasiones no llenaremos las expectativas de la otra persona, y le podríamos herir. Solo logran tener éxito los matrimonios determinados a tenerlo.

¿Qué nos impide pedir perdón?

+ El orgullo

+ Creer que tenemos la razón

+ El desgaste emocional de vivir lo mismo muchas veces

+ El desinterés por la relación

Es aquí cuando la herida nos guía al silencio que castiga, a los gestos que hieren, a comentar con otros el error de nuestro cónyuge. Esto lo que hace es acrecentar la distancia entre los dos. Si una herida se une a otra, nos iremos separando lentamente, y cuando despertemos encontraremos las mil excusas para no procurar la reconciliación. No medimos el impacto que esta situación tiene en la familia, y nos seguimos lastimando.

1. ¿Por qué pedir perdón?

Porque es lo único que nos permite eliminar la barrera que nos divide, y nos posibilita acercarnos de nuevo. A estas alturas, la confianza está lastimada, la inseguridad domina el ambiente, y la tensión se siente en todo lo que hacemos.

Pedimos perdón porque seguimos viviendo juntos, y no es justo vivir en tensión, reclamos, indiferencia o lastimándonos por lo que hicimos. Si no perdonamos pasarán los años, y seguiremos contando la misma historia de dolor de hace veinte años. Nadie comprende por qué contamos siempre la misma historia, y mucho menos cómo es que no nos hemos perdonado.

Es natural pensar que en un conflicto ambos tengamos nuestra cuota de responsabilidad y sabiendo eso, decidimos perdonar el error de la otra persona y mejorar nosotros. De esta forma, al otorgar ese perdón, el reclamo no tendrá lugar en nuestra vida. Todo lo que ocurrió no afectará nuestra relación futura, porque **el perdón no lleva cuentas pendientes. El amor no lleva cuentas para cobrar.** Necesitamos aprender que perdonar no tiene que ver con lo que nos hicieron en el pasado, sino con la libertad que queremos tener en el futuro.

> *Necesitamos aprender que perdonar no tiene que ver con lo que nos hicieron en el pasado, sino con la libertad que queremos tener en el futuro.*

2. Es indispensable pedir perdón.

El perdón incrementa nuestra capacidad de amar. Por eso es indispensable pedir perdón siempre que nos equivoquemos. No nos cansemos de hacerlo. Esto es lo que restituye la relación, arroja a la basura el odio y el rencor, y elimina la barrera que podríamos levantar si no lo pedimos.

Frente a la humildad de pedir perdón, surge un amor más fuerte, una relación más cercana y un futuro más prometedor. El perdón es personal, y debemos vivirlo para no dejar que se apodere de nosotros el orgullo y la distancia. Requiere que se solicite con la actitud correcta y sin justificación, pero sobre todo con un arrepentimiento genuino. Es decir, estamos dispuestos a cambiar. No prometa nada, pero asuma la responsabilidad de mejorar. Para esto debemos buscar afirmar la actitud correcta: la que reflexiona, y mide las consecuencias; la que otorga valor a la familia, aprecia lo que han hecho juntos, y nos invita a convertir en agradable la convivencia del matrimonio; la que nos guía a la reconciliación, al diálogo respetuoso y a tratar con honor a quien se ama.

> *Pido perdón porque amo, porque deseo lo mejor para la otra persona, y porque al hacerlo, me presento a mí mismo como una mejor persona.*

El perdón se otorga simplemente porque mi cónyuge se siente ofendido. No tengo que esperar a sentir que hice algo grave. El principio es sencillo: si lo que hice lastimó a mi cónyuge, debo sanar la herida y la medicina es pedir perdón. Pido perdón porque amo, porque deseo lo mejor para la otra persona, y porque al hacerlo, me presento a mí mismo como una mejor persona.

El acto de pedir perdón debe darse en un lugar privado, con la intimidad necesaria para que podamos dialogar al respecto, y así sacar conclusiones que nos permitan mejorar. Jamás debe ser un acto donde uno de los dos se sienta humillado. Por eso es un evento que se vive en la intimidad.

3. Otorgue el perdón.

Si no perdonamos, nos llenamos de amargura, y el dolor consumirá todas nuestras fuerzas. **Así como se requiere humildad para pedir perdón, también es necesaria esa humildad para otorgarlo.** No es fácil conceder el perdón porque el daño nos indica que tenemos la razón, que estamos heridos, que no es justo otorgarlo porque la otra persona ha fallado en repetidas ocasiones. Pero si no brindamos el perdón, matamos el amor que nos une, establecemos distancia entre nosotros, y podría caerse en reclamos interminables.

El perdón quita un peso enorme, y nos permite vivir más livianamente. El perdón nos permite arrojar lejos de nosotros el odio, la ira y la amargura. Nos libera del pasado y nos permite recobrar la dignidad para establecer vínculos saludables entre los dos. Nos permite hablar del tema con tranquilidad y superar las diferencias. No es fácil porque conceder el perdón requiere el tiempo necesario para enfriar las emociones. No se apresure si no está listo.

Para enfriar las emociones debemos:

1. Reconocer que estamos alterados.

2. Tomar tiempo a solas para reflexionar.

3. Alimentar el pensamiento correcto, el que nos guía al perdón, a la reconciliación, y a disculpar el error cometido.

Al perdonar, restauramos a la otra persona, le traemos sanidad, y tendemos puentes para restablecer la relación. No exigimos a la otra persona un cambio, ni perdonamos con condiciones. Perdonamos para quitar el lastre que nos lastima, y vivir en libertad y paz. No perdonamos porque la otra persona merezca el perdón. Lo hacemos para dejar de vivir como esclavos del pasado y recobrar la alegría de vivir. El no perdonar sacará lo peor de nosotros, y nos impide amar y dejarnos amar.

Perdonar no significa que olvidamos lo ocurrido; simplemente decidimos que no nos atará más al dolor. No olvidamos porque nos sirve como mecanismo de auto defensa, de sobrevivencia, de crecimiento. Es un aprendizaje que nos ayuda a mejorar corrigiendo lo que está mal y lo que nos lastima. Perdonamos porque la vida continúa, y no puedo quedarme atrapado en el pasado en la relación. Con el paso del tiempo, podemos recordar lo que ocurrió, pero sin dolor y rencor. Al perdonar, recobramos dignidad y valor personal. El registro histórico está, pero la herida ya no duele. **No olvidamos porque eso nos permite ser claros de que lo ocurrido no se debe repetir porque lastima.**

Perdonamos al poner en balanza los beneficios que otorga hacerlo. Nos damos cuenta que es mejor perdonar que vivir como esclavo de lo ocurrido. Perdonamos porque potencia nuestra vida para seguir amando, y no hacerlo nos ata a la amargura. Perdonamos porque somos racionales, lógicos y decididos. Perdonamos, no porque sintamos hacerlo, sino porque es conveniente y saludable.

> *El perdón no nace del sentimiento; brota de la voluntad.*

Perdonar requiere una buena dosis de misericordia, compasión, humildad, determinación y voluntad. El perdón no nace del sentimiento; brota de la voluntad. Requiere firmeza para mantenerlo en el tiempo hasta que produzca salud emocional y espiritual. Perdonamos porque Dios nos dijo que debíamos hacerlo antes de que el sol se ponga sobre nuestro enojo.

El perdón se vive primero en el corazón, se sostiene con la voluntad, y se exterioriza con honestidad. Se exterioriza a la otra persona solo si ella reconoce que cometió un acto que lastimó. Pero no es necesario indicarle a la otra persona que se le perdona, porque podría decepcionarnos si no reconoce su responsabilidad. Se otorga para vivir en paz y en libertad con nosotros mismos; no porque la otra persona pidió perdón o cambió su conducta. Perdono porque es necesario recuperar la paz en el corazón. Por eso se puede otorgar el perdón sin la presencia de la otra persona.

Como resultado de haber perdonado, adquirimos el valor necesario para protegernos de futuras agresiones, porque cobramos conciencia de lo que nos duele, adquirimos valentía para indicar qué nos molesta, y a la vez valor para decirlo de la mejor forma posible. Nos permite recordar sin odio, sin reclamos, sin gritos, y sin ofensas. Elimina los deseos de venganza, y regresa la tranquilidad emocional y espiritual.

Si se cansó de odiar y de vivir con amargura, perdone. Perdone porque no nació para sufrir; nació para amar y ser amado.

El nivel de amor que mueve al mundo

> *Perdone porque no nació para sufrir; nació para amar y ser amado.*

El perdonar solo puede emerger de un corazón que ha experimentado la misericordia que Dios. De esta forma es más fácil otorgarlo a los demás. Se perdona por amor. Por eso si no hemos experimentado el amor de Dios en nuestras vidas, se nos hará difícil perdonar. Muchas veces me pregunto si habría algo que no le perdonaría a mis hijos, y me doy cuenta que les perdonaría todo; como nuestro Padre nos perdona todo porque nos ama más allá de lo que podemos entender. Este nivel de amor es lo que mueve al mundo, porque primero fue otorgado por nuestro Padre celestial.

> *"Porque tanto amó Dios al mundo, que dio a su Hijo unigénito, para que todo el que cree en él no se pierda, sino que tenga vida eterna. Dios no envió a su Hijo al mundo para condenar al mundo, sino para salvarlo por medio de él"* (Juan 3: 16-17).

Así fue el caso de José al convertirse en el padre de Jesús, no siendo él su padre biológico. Para él fue un gran reto conocer la noticia de que su esposa María esperaba un hijo que no era biológicamente suyo. Sufrió un golpe emocional fuerte, decepción, confusión y dolor. Además de pensar momentáneamente que había sido traicionado, se vio atrapado entre su amor y una ley que exigía apedrear hasta la muerte a una mujer encontrada en el acto del adulterio. Ese no era el caso de María porque lo que ella estaba viviendo era un milagro, pero José no lo sabía.

José no sabía qué hacer. Fue entonces cuando el ángel de Dios le dijo que no temiera recibir a María como esposa, porque ella llevaba en su vientre al Hijo de Dios, concebido por obra del Espíritu Santo. Lea la historia usted mismo. ¿Qué movió a José a convertirse en el padre de Jesús, y a recibir a María como esposa si no era el padre biológico del niño? No solo le recibió como su esposa, sino que la protegió de la ley, de la sociedad. No lo contó a nadie sobre el embarazo para que ella no fuera difamada y apedreada. No tuvo relaciones sexuales con ella hasta que el niño nació, porque el niño nacería de una virgen. ¿Quién hace eso? Solo alguien que ama mucho, tiene un corazón justo, y ha escuchado a Dios hablar a su corazón.

"El nacimiento de Jesús, el Cristo, fue así: Su madre, María, estaba comprometida para casarse con José, pero antes de unirse a él, resultó que estaba encinta por obra del Espíritu Santo. Como José, su esposo, era un hombre justo y no quería exponerla a vergüenza pública, resolvió divorciarse de ella en secreto. Pero cuando él estaba considerando hacerlo, se le apareció en sueños un ángel del Señor y le dijo: «José, hijo de David, no temas recibir a María por esposa, porque ella ha concebido por obra del Espíritu Santo. Dará a luz un hijo, y le pondrás por nombre Jesús, porque él salvará a su pueblo de sus pecados.» Todo esto sucedió para que se cumpliera lo que el Señor había dicho por medio del profeta: «La virgen concebirá y dará a luz un hijo, y lo llamarán Emanuel» (que significa «Dios con nosotros»). Cuando José se despertó, hizo lo que el ángel del Señor le había mandado y recibió a María por esposa. Pero no tuvo relaciones conyugales con ella hasta que dio a luz un hijo, a quien le puso por nombre Jesús" (Mateo 1: 18-25).

Lo que Dios hace con estas palabras es restaurar la identidad de José, al recordarle por medio del ángel que él es descendiente del Rey David: *"José, hijo de David".* No solo era el hijo del carpintero de Nazaret. Tenía también linaje real y había sido elegido para ser el padre del Hijo de Dios. Si alguien tiene una identidad herida, maltratada y lastimada, no podrá otorgar perdón fácilmente. Aunque José no tenía nada que perdonar a María, antes de que él conociera la verdad, seguro pensó que sí tenía algo que perdonarle.

Situaciones como esta ocurre en nuestras vidas. Sufrimos una traición de alguien amado, un amigo, un familiar, o el cónyuge, y el dolor nos confunde. Las emociones nos ciegan, y olvidamos quiénes somos en Jesús. Permitimos que la mente se llene de pensamientos negativos, y nos vemos desesperados y ahogados en una ira terrible que sirve de escondite para nuestro profundo dolor. Estamos así hasta que nos volvemos a Dios, y Él nos recuerda quiénes somos en Él. Nos hace ver que perdonó todos nuestros pecados en la cruz a través de su Hijo Jesús, y que nos sigue perdonando. Y cuando Él nos perdona y nos rodea de su inmenso amor hacia nosotros, empezamos a ver claro. En nuestra identidad como sus hijos, perdonamos porque Él nos perdona y amamos porque Él nos amó primero, y sanó nuestras emociones.

Lo primero que debemos hacer para experimentar la capacidad de otorgar perdón a los demás es recibir el perdón de Dios, o recordar que ya recibimos ese perdón cuando aceptamos a Cristo. María no había cometido ninguna falta. Más bien valientemente había aceptado el reto de convertirse en la madre del Hijo de Dios. Pero José tenía el desafío de tener que interpretar correctamente lo que había ocurrido. En lugar de juzgarla, condenarla, avergonzarla o denunciarla por el hecho de que él no era el padre, la recibe, se casa con ella, y constituye una familia. José esperó a escuchar la voz de Dios.

En momentos de incertidumbre, lastimamos por actuar apresuradamente. Las circunstancias que vivimos evidencian lo que tenemos en el corazón. Un corazón injusto recrimina, avergüenza, humilla, denigra, y desea tomar venganza. Un corazón justo protege, cuida y restaura. No señala el error constantemente y obedece al hacer lo correcto. Traduce el amor y la identidad del Padre en perdón, amor y misericordia porque Él perdonó primero.

> *Las circunstancias que vivimos evidencian lo que tenemos en el corazón.*

Para perdonar necesitamos ser compasivos, y procurar comprender por qué la otra persona hace lo que hace. No significa que tengamos que justificar lo que está mal, pero sí tener identificación, empatía y compasión. Es lo que Jesús hace cuando llora por Jerusalén al entrar a la ciudad, según lo describe Lucas 19:41. Jesús también llora con Marta y María, hermanas de Lázaro, al verlas sufrir por la muerte de su hermano.

Cuando Lázaro muere Jesús no llega a tiempo y, cuando lo hace, su amigo Lázaro ya había muerto. Las hermanas lloran la partida de su hermano, pero Jesús sabía que lo resucitaría. Jesús llora porque se identifica con el dolor de sus amigas Marta y María.

> *"Habiendo dicho esto, fue y llamó a María su hermana, diciéndole en secreto: El Maestro está aquí y te llama. Ella, cuando lo oyó, se levantó de prisa y vino a él. Jesús todavía no había entrado en la aldea, sino que estaba en el lugar donde Marta le había encontrado. Entonces los judíos que estaban en casa con ella y la consolaban, cuando vieron que María se había levantado de prisa y había salido, la siguieron, diciendo: Va al sepulcro a llorar allí. María, cuando llegó a donde estaba Jesús, al verle, se postró a sus pies, diciéndole: Señor, si hubieses estado aquí, no habría muerto mi hermano. Jesús entonces, al verla llorando, y a los judíos que la acompañaban, también llorando, se estremeció en espíritu y se conmovió, y dijo: ¿Dónde le pusisteis? Le dijeron: Señor, ven y ve. Jesús lloró"* (Juan 11: 28-35 RVR 1960).

Jesús se identifica también con tu dolor cuando te sientes ofendido, herido, olvidado. Pero te mueve a perdonar como Él te perdonó, y a restituir, reconstruirte y reconstruir, porque te diseñó para amar, vivir en comunidad, y disfrutar la compañía de las personas que amas.

4. ¿Cómo se perdona?

Tenemos que aprender a cerrar ciclos en la vida. Uno de los ciclos que es fundamental cerrar es sanar las heridas del pasado que nos lastiman y afectan las relaciones presentes. Cuando estoy herido, debo reconocer que ya no deseo vivir en el pasado, y que necesito recobrar la capacidad de confiar en los demás.

Quien no perdona se enferma, y tiende a lastimar a quienes le rodean. Se perdona soltando lo que duele, y rompiendo la lista de las deudas pendientes. Se perdona insistiendo en creer que eso ya pasó, y no puedo devolver el tiempo para cambiar lo que hice o lo que me hicieron. **Se perdona dejando de hacer viajes a los recuerdos dolorosos del pasado, y viviendo el presente con libertad.**

La herida que aún duele detiene nuestras ilusiones. Perdonar nos permite volver a soñar y recuperar la dignidad, viviendo el duelo y dejándolo ir. Nos ayuda a expresar cómo nos sentimos y lo que sentimos. Hable para dejar ir y no para volver a vivir. Exprese para liberar y no para retener. Cierre con perdón el ciclo del dolor, y abra sin rencor un nuevo capítulo de amor.

Elabore una lista de los beneficios que tendría si perdonara. Elabore su lista de lo que ha dejado de disfrutar por retener el dolor más de la cuenta. Indique lo que le gustaría alcanzar al soltar el dolor que le ata al pasado, y entonces inicie el proceso de perdonar. Busque ayuda con un especialista que le guíe en el proceso. Lea un buen libro sobre el tema y déjese orientar.

> *Hable para dejar ir y no para volver a vivir. Exprese para liberar y no para retener. Cierre con perdón el ciclo del dolor, y abra sin rencor un nuevo capítulo de amor.*

Perdón es gracia inmerecida. Es Jesús poniendo de pie a la mujer pecadora que le besa los pies, y le dice: *"Tus pecados te son perdonados"* (Lucas 7:48 RVR 1960. Véase además Lucas 36-50). Ella no hizo nada para merecerlo. Simplemente lloró su pecado, soltó su culpa, y recibió la gracia que otorga el autor del amor, Jesús.

A algunas personas les ayuda escribir lo que sienten. Es una forma de sacar del corazón los recuerdos que duelen. En un lugar privado donde experimente tranquilidad y libertad, exprese lo que le duele, hable con la persona como si estuviera ahí, perdone y pida perdón, llore, y decida que al sacar el dolor, lo dejará ir para siempre. Es importante que luego de estos momentos íntimos pueda tomar tiempo para encontrarse con Dios, y disponerse a alabarlo hasta que una paz profunda inunde todo su ser. Son formas prácticas que nos permiten dejar ir lo que duele, encontrar la paz y recibir el perdón de Dios, que nos potencia para perdonar a los demás. *"Tú guardarás en completa paz, a aquel cuyo pensamiento en ti persevera; porque en ti ha confiado"* (Isaías 26:3 RVR 1960).

> *La paz no tiene precio. Es algo que debemos procurar a toda costa. Invierta tiempo en sanar las heridas.*

La paz no tiene precio. Es algo que debemos procurar a toda costa. Invierta tiempo en sanar las heridas, busque ayuda profesional si es necesario, y encuéntrese con Dios en lo más íntimo de su corazón. No importa lo grave que haya sido lo que ocurrió, siempre seremos amados por Dios, y Él viene en rescate de sus hijos. No estamos solos en esta lucha. Dios nos lleva cerca de su pecho como a ovejas recién nacidas, para consolarnos y traernos paz. *"La paz os dejo, mi paz os doy; yo no os la doy como el mundo la da. No se turbe vuestro corazón ni tenga miedo"* (Juan 14:27 RVR 1960).

En este proceso busque el respaldo de la familia. Una dama dijo:

"En estos días fui consciente que llevaba sobre mis hombros un peso muy grande. Cuando niña fui abusada sexualmente, y esto me ha marcado toda la vida. Decidí hablarlo con mi esposo y con mis hijas. Ellos me abrazaron, me amaron y me respaldaron. Fue un momento para llorar con ellos, y arrancarme el peso de un secreto doloroso. A partir de aquel día mis hijas me expresan más su amor, y mi esposo está más pendiente de mí. Me pregunto, '¿por qué no lo había hecho antes?' Pero ahora vivo en paz. Es como si me quitaran un peso muy grande. Hoy no me cambio por nadie".

Jesús solía apartarse para orar y hablar con el Padre. Así lo hizo antes de ir a la cruz, y fue consolado por ángeles. Su dolor era tan fuerte que su sudor se mezclaba con sangre que brotaba de su frente. Es en lo íntimo con Dios que nuestro corazón encuentra reposo y paz, porque somos consolados.

Deje que la Palabra de Dios le inspire, le anime y le guíe en el proceso de encontrar paz. Es tiempo de dejarse amar por Dios, y de tomar para usted las promesas encontradas en la Biblia. *"El Señor mismo marchará al frente de ti y estará contigo; nunca te dejará ni te abandonará. No temas ni te desanimes"* (Deuteronomio 31:8).

El perdón no es un evento único; es un proceso, una decisión sostenida en el tiempo hasta que produce la paz que estamos buscando y la libertad que necesitamos. Invierta mucho tiempo en alabar a Dios. Es ahí en su lugar secreto donde somos consolados, tal y como lo hacía el salmista. *"El Señor es mi fuerza y mi escudo; mi corazón en él confía; de él recibo ayuda. Mi corazón salta de alegría, y con cánticos le daré gracias"* (Salmos 28:7). Dios no permitirá que vivamos ninguna prueba que no podamos sobrellevar y superar. En cada una de ellas nos dará la fuerza y la gracia necesarias para salir victoriosos.

CAPÍTULO 7

El fundamento del compromiso

"Perdonar es el valor de los valientes. Solamente
aquel que es bastante fuerte para perdonar una
ofensa, sabe amar." – Mahatma Gandhi

El perdón es el primer paso a la reconciliación, pero ya advertimos que no ocurre en automático. Debemos iniciar nosotros el proceso porque la reconciliación no depende solo de nosotros. Es el deseo de dos personas que reconocen que se necesitan mutuamente, y están dispuestas a intentarlo una vez más. Le comparto un ejemplo de cómo el perdón nos alivia la carga, abre la puerta a la reconciliación, y nos permite liberarnos del temor al futuro. Ella dijo:

"Mientras usted exponía su conferencia, lloraba sin poder contenerme. Le estaba escribiendo a mi papá. Hace cinco años tuvimos una diferencia donde ambos nos gritamos, y nos dijimos todo lo que pensábamos el uno del otro. Nos ofendimos a más no poder. Los dos somos de carácter explosivo y atravesado, porque decimos todo lo que pensamos en el mismo momento. Luego de eso nunca más nos volvimos a dirigir la palabra.

Hace dos años vivo en otro país. Cuando me marché no nos despedimos, y durante todo este tiempo no nos hemos hablado o escrito.

"De este tema no hablo con nadie; es muy doloroso para mí. La relación con mi papá era maravillosa, y es lo que más extraño. Realmente lo amo, estábamos tan cerca, era mi amigo, pero ahora estamos lejos uno del otro. Me duele mucho pensar en esto, y no soporto más. Por eso ese mismo día y en ese mismo momento decidí escribirle un mensaje. Lloré todo el tiempo mientras escribía a mi papá. 'Papá, no podemos seguir distantes y herirnos tanto cuando nos enojamos. Papá, no quiero seguir la vida sin escuchar que me perdonas. Te amo con todo mi corazón y sé que si un día te pasa algo y yo no he resuelto esto, no me lo perdonaría. Necesito escuchar el 'te amo' de tus labios, lo extraño tanto...' No sé si mi papá va a responder, pero sí sé que mi carga es más liviana ahora que le he dicho todo lo que siento y pienso. Tengo la esperanza de que un día el corazón de mi papá vuelva a la hija que lo ama".

> *Debemos tender puentes para acortar las distancias que nos separan de los que más amamos.*

Es por esto que debemos tender puentes para acortar las distancias que nos separan de los que más amamos. Nunca es tarde para recuperar la relación que un día tuvimos. El orgullo no es más fuerte que el amor que nos une, los recuerdos que tenemos, y el legado que podríamos dejar a los que vienen detrás de nosotros. Escuché de mi sabio amigo Dale Bronner: "Nunca cortes aquello que tienes el poder de desatar". No cortemos nuestra relación con aquellas personas importantes en nuestra vida a causa de nuestra falta de perdón. **Deshagamos el nudo, extendamos puentes,** derrumbemos paredes, porque tan solo podemos crecer en la medida que podemos perdonar.

El dolor del abandono

Hay dolores que son muy difíciles de superar. Si retengo el dolor más de la cuenta, podría estar guiando mi vida a un abismo de depresión, de angustia, de desesperación, y aun podría estar arriesgando la salud y mi futuro. ¿Cómo se supera un dolor tan fuerte? ¿Cómo comprender por qué la persona que he amado se comporta como lo hace, si le he dado lo mejor de mí? ¿Cómo arranco este dolor que me está matando por dentro?

Para ilustrar estas preguntas le cuento un caso real, el cual, al igual que todos, ha sido modificado para proteger la privacidad de quien lo contó.

"Soy un profesional exitoso, tengo un buen trabajo, buena salud, estoy en medio de una maestría, y mi nivel económico es estable. Pero también mi vida ha sido dura. Tengo un doctorado superando adversidades; incluso me invitan a distintos lugares para hablar del tema. Hace seis meses se terminó una relación con quien fue mi novia, y con quien conviví por varios años. Esta relación se extendió por más de seis años. Esto me tiene devastado. Me cuesta mucho superar el sentimiento que produce la traición. No puedo dormir, perdí el apetito, y siento que estuve con una persona completamente falsa que nos engañó a mi familia y a mí.

"Por más de seis años estuve viviendo una ilusión, enamorado a más no poder; creí conocerle. Ahora me doy cuenta que la persona de la que me enamoré no existe, era una ilusión: el deseo de que ella fuera lo que siempre quise que fuera. Fueron años maravillosos, con experiencias inolvidables, pasamos cosas duras y supimos superarlas juntos. Me cuesta pensar que ella no valore todo lo que vivimos y los recuerdos maravillosos que construimos.

"Siempre sentí que era yo quien lo intentaba, y ella se paraba sobre mi cabeza para mantenerme bajo el agua. Muchas veces sentí que me quemaba vivo, pero el amor era más fuerte que todo. En algunos momentos sentí que ya no tenía deseos de vivir, y ella no hizo nada. Aún así la extraño y me afecta ver que ahora está tan feliz en los brazos de otra persona. Me duele ver que anda en fiestas con personas que yo sé que no le convienen.

"Ella nunca ha trabajado. Yo le mantenía todos sus gustos, y un día me dijo que una amiga la invitó un fin de semana a un hotel 5 estrellas. No me dijo cuál hotel y tampoco la dirección. Le dije que no me parecía, y me dijo que yo siempre la estaba corrigiendo en todo, que me comportaba como si fuera su papá. Bueno, debo confesar que soy muy protector con las personas que amo.

"Se fue sin despedirse y a los días de no saber de ella, la llamaba y no me respondía. Fue cuando llamó a mis padres para decirles que ella ya no quería nada conmigo, pero no sabía cómo decírmelo. La busqué, la llamé insistentemente, le dejé mensajes diciéndole que me diera otra oportunidad, y cuando me respondió me dijo que ya no deseaba nada conmigo y simplemente cortó la llamada. Eso fue lo ultimo que hablamos y aún me duele demasiado.

"Estoy desesperado, no duermo, no tengo energía, no me estoy alimentando bien, solo quiero pensar en ella. No dejo de ver sus fotos, la sigo en las redes sociales y esto es lo peor, porque la veo paseando de un lado a otro en hoteles y fiestas con personas que nunca conocí.

"Me siento solo, no tengo muchos amigos, no sé cómo afrontar esto que me mata por dentro. Me reprocho todo lo que hice por ella, mientras ella se ve exitosa y yo con miedo de fracasar. No se qué hacer, qué pensar, cómo dejar de imaginar cosas sobre ella, y así es como todo terminó luego que le entregué lo mejor de mí.

"Ahora ella solo se marchó y eso no lo puedo soportar. Muero lentamente por dentro. He buscado algunas amigas de ella para que le hablen, o bien que me expliquen qué fue lo que ocurrió. Pero solo me cuentan cosas espantosas de ella, y esto me indica que estuve con una persona de dos caras. Este es un golpe muy duro. Lo peor es que si ella regresa, la recibiría nuevamente porque la amo. Solo deseo volver a conquistarla y estar con ella.

"Yo no sé por qué aún sigo viendo lo bueno de ella, y a veces espero un mensaje o una llamada. Por favor, enséñeme cómo la puedo conquistar de nuevo; no puedo vivir mi vida sin ella. Pero en el fondo creo que sin duda Dios me protegió, y me libró de algo peor."

Lo que este joven vive es uno de los dolores más fuertes que se pueden enfrentar, porque el amor sigue existiendo. Lo que la otra persona hace lastima a más no poder, porque el amor está vivo, y todo lo que hace la otra persona aviva el fuego del amor, lastima el ego, y despierta una imaginación que atormenta.

Definitivamente el enamoramiento tiene la ventaja de hacernos ver la parte idealizada de la otra persona, y esto nos lleva a admirar. Sin embargo, al abrir los ojos vemos lo que realmente es, y esto nos desilusiona porque depositamos toda nuestra confianza en la persona amada.

El amor lo soporta todo, pero un cambio tan radical no se puede comprender. Por eso él tiene razón al decir que no le parece conocida la persona que ahora ve, quien va de fiesta en fiesta y su vida pareciera no tener rumbo. Esto es duro y doloroso, porque el amor está más fuerte que nunca. Es un martirio para esta persona estar viendo lo que ella hace, mientras mantiene viva la ilusión de un reencuentro.

¿Qué hacer?

Llegó el momento de alejarse de esta persona lo más que pueda y concentrarse en recuperar la paz interior. Esto significa que debe dejar de investigar a dónde va y qué hace; dejar de ver sus fotos; sacarle de sus contactos en las redes sociales; y pedir a sus amigos que no le comenten nada de ella. Es lo único que le ayudará a superar el dolor que está experimentando. Tiene que amarse a sí mismo más que nunca. No es tiempo de pensar en ella, y mucho menos de procurar conquistarle, porque el interés de ella está en otro lugar. Comete un error si intenta buscarla, enviarle flores, mensajes de texto y canciones románticas. En esta situación todo acto romántico le alejaría más, porque el amor no se suplica, y tampoco se puede imponer. El amor crece a partir de la admiración y el respeto. Si estas dos cosas no están, es imposible que surja la atracción.

> *El amor crece a partir de la admiración y el respeto.*

Para superar este dolor, usted, si fuera la persona de nuestra historia, tiene que hacer un ayuno total de esa persona; tiene que ser radical. No tiene que buscar nada de ella, aunque quiera hacerlo. No vea fotos, no lea lo que un día le escribió, no busque los recuerdos que tiene. Más bien tome todos los recuerdos y sáquelos de su casa. Si no está listo para deshacerse de ellos, pida a alguien que los guarde lejos de su alcance. Esto requiere firmeza, determinación y valentía.

Cuando vengan los recuerdos, que al principio parecerán muy agradables, si los retiene más del tiempo necesario se convierten en desesperación y le guían a la depresión. En esos momentos, trate de no dejar ir su mente en este viaje interminable de imágenes cautivadoras, que al principio se sienten muy bien, pero que al final deprimen porque alimenta sus sentimientos, sin esperanza. Esto hiere sus emociones como si fueran cuchillos que le parten el alma porque es un amor imposible.

Cuando los recuerdos de ella vengan a su mente, ore a Dios por ella, pida a Dios que le bendiga, que le vaya bien en todo, y solo tenga buenos deseos para su vida. Ahí debe terminar. No albergue más pensamientos que le lleven a recordar o a sentir dolor por lo que ella hace. Lleve su dolor del plano emocional, al plano espiritual. Es decir, en lugar de sentarse a recordar y vivir el viaje interminable de los recuerdos, debe simplemente orar por ella, y bendecirle.

Al hacer todo esto, no significa que deja de sentir dolor, pero va a trabajar este dolor pidiéndole a Dios que le ayude a levantarse de nuevo. Propóngase nuevas metas, y lea buenos libros. Ocupe su mente, cuerpo y energía en algo productivo que le ilusione. Tiene que actuar con mucha fuerza de voluntad para mantenerse firme en esta posición y vencer la tentación de buscarle, y suplicar. Renuncie a la idea de tenerse lástima y culpa.

> *Lleve su dolor del plano emocional, al plano espiritual.*

El amor consiste en entregarnos sinceramente a la otra persona, y esto es lo más hermoso que podemos hacer por otro ser humano. El que haya amado mucho, no significa que sea malo. Lo único que evidencia es que hay un gran ser humano en usted.

Si un día llega a tener contacto con ella, no ponga cara de lástima, y mucho menos suplique amor porque esto aleja a la persona. Si ella cambiara realmente y se arrepiente de lo que hizo valorando lo que un día tuvieron, es mejor que le vea brillar, y tener paz y la plenitud que solo puede dar Dios en medio del dolor. El amor se inspira cuando la otra persona brilla, ríe, está lleno de vida, fuerza y está bien. Si esto se llegara a dar, sería una buena oportunidad para hacer bien las cosas.

El vínculo se rompió fácilmente porque ustedes alteraron el proceso del amor. El amor nace como un sentimiento, lo alimentan la relación y los límites, y se sostiene en el tiempo por el compromiso del matrimonio. Si la pareja comienza a vivir como si fueran un matrimonio sin serlo, arriesgan el sentimiento que les une. Es mejor establecer un vínculo respetuoso, buscar a Dios para que les guíe, y el consejo de personas que les orienten. No importa la edad que tengan es sabio buscar consejo para responder preguntas existenciales importantes: ¿Nos convenimos? ¿Estamos listos para casarnos? ¿Esta relación es un juego de pasiones o una relación para el resto de nuestros días? ¿Cómo se construye un matrimonio sólido, estable, y duradero? ¿Hemos superado los traumas del pasado, o aún estoy herido?

Este es un tiempo para analizar con quién le gustaría compartir el resto de su vida y construir un hogar. Es tiempo de ver con objetividad el perfil de la persona para elegir inteligentemente, y no por emoción.

En medio del dolor que produce el abandono, no caiga en el error de buscar otra persona para tratar de arrancar el amor porque no es algo recomendable. Será una relación con un mal fundamento, y no es justo para usted ni para la otra persona. Es un tiempo donde tiene que concentrarse en desarrollar carácter y fuerza interior para crecer. Lo podrá hacer cuando se sienta libre emocionalmente y fuerte para volver a relacionarse con alguien más, no a partir del dolor, sino a partir de la salud emocional y espiritual.

No busque una nueva relación para provocar celos, o para ver si se siente mejor. No es saludable porque lo que hará es lastimarse más.

> *El tiempo es presente y futuro; en eso hay que concentrarse. El pasado hay que dejarlo ir.*

No se culpe por lo que pasó. No diga: "Si hubiera hecho esto, o aquello". Nada hubiera evitado lo que pasó. Celebre que no hay hijos en medio que estarían sufriendo este dolor con usted. No se culpe, porque el tiempo no se puede devolver. El tiempo es presente y futuro; en eso hay que concentrarse. El pasado hay que dejarlo ir, y es la tarea en la que debe concentrar todas sus fuerzas.

Elabore un plan de entrenamiento emocional y espiritual para salir de esto. Sígalo estrictamente. Debe incluir lo que puede hacer, por cuánto tiempo debe hacerlo y qué no debe hacer. Sea firme y disciplinado hasta alcanzar la libertad, y la paz emocional y espiritual. Por eso le recomiendo invertir tiempo en orar, alabar a Dios, leer la Biblia y leer buenos libros. Alimente el pensamiento correcto, el que le guía a la paz, la esperanza, y le trae buen ánimo. Cuando sus emociones le guíen al pasado, no deje volar su imaginación a los recuerdos; bendígalo y desee lo mejor, pero no se quede en la nostalgia que producen los recuerdos. Las emociones deben conducirse para no dejar que nos manipulen y nos guíen al dolor y el sufrimiento. Insista en esto hasta alcanzar la libertad emocional y la paz espiritual.

En medio de una experiencia como esta descubra los sentimientos más hermosos y nobles que le identifican. Por eso se siente menospreciado y no sabe por qué ocurrió todo, pero es un tiempo para reforzar lo bueno que tiene, y un momento para hacer crecer todas las virtudes que le identifican.

No escuche a los malos amigos; los que le dirán que la odie, que la haga sufrir, que le provoque celos. No los escuche. Busque más bien un grupo de amigos que le ayuden a llorar su dolor, que se identifiquen con usted y le aprecien, pero que también le animen a seguir el plan de no pensar tanto en ella, porque eso atormenta. Busque amigos que le animen, y déjese amar por ellos. No se aísle, no se deprima encerrado en un mundo de recuerdos y dolor. Eso no ayuda. Busque un grupo de apoyo que le permita sentirse amado y a los cuales pueda amar. Déjese amar por los que le aman, permítase ser mimado por su familia, y aprecie a los que le aman y le valoran de verdad. Esto renueva sus fuerzas, y podrá canalizar todo el volcán de amor que tiene por dentro. Déjese amar y no se aísle.

Si ha suplicado ser amado, no insista más. Debe proteger su dignidad como persona. La súplica no inspira el amor; más bien será humillado.

El amor no es acción social. No se ama por lástima. Se ama porque se admira, porque deseo amar y porque valoro a la otra persona. Por eso no suplique; le parecerá correcto por todo lo lindo que han vivido, pero no lo haga. Le parecerá correcto porque usted la ama, y sabe que puede darle lo mejor de usted a ella, pero no es el camino. El camino es fortalecer su dignidad, su amor propio, y buscar a Dios como su Salvador personal. Es tiempo de amarse, valorar la persona que es, y sacar de este dolor fuerza para crecer hasta volver a brillar. Insistir no es la solución.

> *Es tiempo de amarse, valorar la persona que es, y sacar de este dolor fuerza para crecer hasta volver a brillar.*

El camino que algunas personas toman es el de odiar, y comienzan a desearle mal a la otra persona. Este no es el camino a la paz. El camino a la libertad emocional es desearle lo mejor, porque eso está más acorde a la esencia de lo que usted es y al amor que siente. Es bueno que se preocupe, y le desee lo mejor. Porque ama le duele ver que ella está cometiendo errores que tendrán sus consecuencias, pero el camino no es odiar o desearle mal. No permita que su corazón se llene de amargura o de odio. Proteja sus emociones a toda costa. Mantenga intacta su capacidad de amar y la nobleza que le identifica.

No procure encontrar una explicación lógica para justificar lo que ocurrió. Simplemente ocurrió y eso hay que respetarlo. Posiblemente se quebrará la cabeza tratando de encontrar la explicación, y no encontrará respuestas a las mil preguntas que le vendrán a la cabeza. Simplemente la otra persona eligió un camino diferente y eso se respeta. Sí hay que aprovechar lo ocurrido para crecer haciéndose preguntas que le permitan mejorar como persona. Es tiempo de volver a encontrar el rumbo de su vida.

Vuelva a su rutina normal. Recobre la vida llenando el tiempo de cosas que le hagan crecer y mantener un estilo de vida que le sea saludable. Recupere a sus amigos, sus relaciones familiares, aprecie el trabajo que tiene, aliméntese bien, lea mucho. Recupere su alegría de vivir. Al principio cuesta, pero lo va a lograr.

Es tiempo de volver a encontrar el rumbo de su vida.

Tome el tiempo necesario para volver a tener una vida totalmente normal y equilibrada. No le puedo indicar cuánto tiempo le tomará salir de esto, pero le aseguro que saldrá fortalecido, más confiado, amándose más y, sobre todo, siendo una mejor persona.

Sería bueno que renueve su casa, su habitación y su entorno. Decore de una forma diferente el lugar donde vive. Llénelo de vida. Esto le permitirá ver un nuevo panorama.

Tome tiempo para pasear con amigos; conozca nuevos lugares. Haga lo que siempre ha querido hacer. Elabore planes. Sé que no tiene la fuerza para hacerlo, pero es un buen ejercicio que le obliga a levantar la mirada a nuevos horizontes.

Si se mantiene firme en la decisión de alcanzar la paz, va a recuperar su libertad, y esa independencia que tanto está buscando. Surgirán nuevos sueños, ilusión por la vida, volverá a reír, y aun podría verla y aunque le surjan recuerdos, tendrá paz. Cuando alcance la paz y la libertad que tanto desea, no caiga en la trampa de querer investigar sobre ella. No significa que puede abrir puertas emocionales, porque podría despertar algo internamente que le tomó tiempo eliminar y poner en orden. La meta será eliminar el dolor, mantener la libertad emocional y los sentimientos bajo control, y vivir como una persona que no depende de otro, sino más bien como una persona libre, plena y feliz.

Viva cada etapa del duelo de forma natural. Primero lo negamos, diciéndonos que pronto pasará. Lo que estamos haciendo es negar la realidad, pero es real: la relación terminó y posiblemente no volverá. Luego se acepta lo que estamos viviendo y esto nos lleva al dolor, la depresión, y deseos de venganza. Perdemos el apetito, la ilusión por la vida y nada tiene sentido. Pero tenemos que seguir el camino y lograr soltar el sentimiento que nos hace tanto daño. Es cuando volvemos a salir con amigos, retomamos la rutina de la vida, nos dejamos amar y nos alejamos lo más posible de la otra persona. Hasta que la vida vuelve a brillar y experimentamos libertad, ya no somos esclavos de la otra persona que nos podría haber manejado a su antojo. Ahora podemos vivir con nuevos sueños, proyectos y sobre todo, con dignidad.

Aprenda de la experiencia. Ahora todo parece como detenido en el tiempo. Quisiera despertar de esta pesadilla, pero es un tiempo de mucha reflexión y aprendizaje. Es un tiempo que pasará. Le animo a escribir para aprender de sus sentimientos. En esta etapa crecemos mucho porque nos encontramos con nuestros sentimientos más profundos, y tenemos reflexiones que no nos surgen regularmente. Busque amigos de gran confianza para hablar de lo que siente. Busque ayuda profesional para que le acompañe en este proceso. Un día de estos el sol volverá a brillar.

> *Un día de estos el sol volverá a brillar.*

Es tiempo de acercarse a Dios como nunca antes, el que abraza en medio del dolor, el que nos consuela en medio de la noche oscura; el brazo fuerte que nos levanta cuando ya no tenemos fuerza. Es en estos momentos donde Dios es más real que nunca. Búsquele y lo encontrará.

El amor deja de ser saludable cuando se torna enfermizo, dependiente, demandante, manipulador, y lastima. El amor no hiere, no manipula, ni utiliza. **El verdadero amor nunca deja de ser, hace grande a la otra persona, dignifica la relación, es fiel, respetuoso, y crece con el**

tiempo. No significa que es fácil y no tenga momentos difíciles, pero cuando el amor ha madurado con el tiempo, supera las dificultades y la relación crece.

El problema que enfrentamos aquí es que esta relación era confusa, porque nada la sustentaba aparte de la convivencia. La ventaja del matrimonio es que lo sostiene el compromiso que se adquiere ante Dios, nuestra familia y los amigos. El compromiso es el fundamento que une la relación. Pero este compromiso es principalmente ante nosotros mismos. Porque estamos convencidos que lucharemos hasta el final, superaremos las crisis que se presenten, y fortaleceremos la relación aportando lo mejor de nosotros. Es lo que nos saca de la idealización y nos mueve al realismo de amar a la otra persona tal cual es.

Es el compromiso lo que nos conduce a superar las crisis, y a decidir compartir el resto de nuestras vidas con la otra persona. Al comprometernos en matrimonio, estamos dejando atrás la vida de solteros para compartir todo con la otra persona. El amor es fuerte cuando surge el compromiso de vivir juntos para siempre, en las buenas y en las malas, en riqueza y en pobreza. Es lo que provee la seguridad de que estaremos juntos hasta que la muerte nos separe. Es tener claras las razones por las cuales permaneceremos juntos. **El compromiso provee seguridad a la relación, y elimina los miedos y los temores. Hace más fácil superar los momentos difíciles, y nos ayuda a enfrentar las diferencias.** El compromiso proporciona la tranquilidad emocional necesaria. Nos permite sentir que nuestro hogar es el lugar más seguro en el que podemos vivir porque desarrolla confianza, sinceridad y cercanía.

> *El amor es fuerte cuando surge el compromiso de vivir juntos para siempre.*

Capítulo 8

Más allá del divorcio

"¡Qué difícil es darse cuenta que hemos dejado que el tiempo apague el fuego que nos unía y ahora estamos tan lejos! Cuando el amor es más fuerte que las heridas que nos distanciaron, nunca es tarde para regresar."

Defendemos la familia y difundimos la importancia del perdón. Y de eso se trata este libro. Pero penosamente, hay realidades que tenemos que enfrentar. Hay parejas que se niegan a darse la oportunidad de superar las crisis. Hay otras que ponen todo su esfuerzo, pero las heridas les parecen profundas, y los obstáculos, infranqueables. Entonces optan por el divorcio, y más allá de esa decisión, tenemos que comprender la importancia de pedir perdón y perdonar.

Cuando una relación matrimonial termina, surge un dolor profundo que es devastador, principalmente si la relación ha sido agradable y extendida en el tiempo. Nadie se casa para divorciarse, pero si se experimenta, debe enfrentarse con valentía para saber superarlo de la mejor forma posible.

El primer sentimiento es de frustración, odio y rencor, lo que alimenta un deseo de venganza. Hoy los matrimonios que terminan en divorcio se están lastimando mucho y no tiene por qué ser así. Las personas tienden a aislarse en su dolor. Se encierran para vivir un sentimiento que quieren retener a toda costa. Es como vivir una pesadilla, y creemos que pronto despertaremos de este sueño catastrófico. No se aísle, busque ayuda, ame a quienes le aman y déjese amar por la familia extendida.

> *Es tiempo de vivir el duelo, dejar ir lo que ya no está, y recuperar su salud emocional y espiritual.*

Hay quienes en medio del divorcio se refugian en el alcohol o en medicamentos como una forma de evadir la realidad. Esto no sana el dolor, ni permite superar la situación que se está viviendo. Solamente es una forma de escapar de la realidad.

No busque relacionarse sentimentalmente con otra persona para sanar la herida o pretender llenar un vacío emocional. Es tiempo de vivir el duelo, dejar ir lo que ya no está, y recuperar su salud emocional y espiritual.

1. La culpa en el divorcio

Para que una relación funcione se necesitan dos personas. No obstante, no es extraño que a la hora de "repartir" responsabilidades de su adecuado funcionamiento o de su deterioro, una de las partes cargue con mayor peso. En el caso del divorcio, en algunas ocasiones la persona que se considera víctima puede caer en una espiral de culpa por sentir que fueron sus fallos los que llevaron a mal puerto el matrimonio. Y es ahí donde aparece un sufrimiento agudo difícil de superar.

A menudo, el cónyuge que trató de evitar que el matrimonio se destruyera, al verse rechazado, se pregunta: "¿En qué le fallé?", o se dice: "No valgo nada o no me habría dejado". Puede pasar que el miembro que decidió comportarse de manera irresponsable por tener aventuras fuera del matrimonio o abandonar a la familia, comúnmente busca justificar su comportamiento exagerando las faltas del otro, y haciendo recaer en aquel la responsabilidad de su comportamiento desordenado. Su argumento favorito es: "Tú no satisfacías mis necesidades, así que tuve que satisfacerlas en otra parte". Claro, es que al aumentar la culpabilidad de su cónyuge, reduce la suya propia.

Un esposo o esposa con baja autoestima acepta esas acusaciones y recriminaciones como si fueran realidades indiscutibles, y se llena de culpa. Pero culparse no resuelve, mina las fuerzas, y no permite ver con claridad lo que debe hacerse.

Si usted se halla en esa situación, resista la tentación de echarse toda la culpa. Examine objetivamente lo que ocurrió, y aprenda de la experiencia. El camino que sigue es levantarse de nuevo para volver a brillar. Inicie un proceso de recuperación, y busque la ayuda profesional necesaria.

> *Aprenda de la experiencia.*

2. Etapas a superar

Ante toda relación rota y divorcio se da un proceso para superar el dolor, que incluye las siguientes etapas:

+ **Etapa de Impacto:** Nos enfrentamos de súbito al devastador momento de la pérdida. Eso genera confusión e impotencia.

+ **Etapa de Negación:** Nos negamos a creer lo que está sucediendo, y abrigamos la esperanza de que el evento no sea definitivo.

+ **Etapa de Depresión:** Podría tornarse aguda de no recibir tratamiento o acompañamiento.

+ **Etapa de Resentimiento** contra la otra persona, contra todos, contra la vida.

+ **Etapa de deseos de venganza** por el enojo acumulado.

+ **Etapa de Aceptación** de la realidad, donde nos damos cuenta de que las cosas son como son.

+ **Etapa de Adaptación:** La carga emotiva es menor, y da paso a la reflexión.

+ **Etapa de Superación:** Se da cuando la persona ha sido capaz de desprenderse del dolor del pasado, e inicia un nuevo proyecto de vida. La persona, a esta altura, puede establecer relaciones sanas y estables. Aun puede hablar con la otra persona sin que le afecte, y posee una gran entereza para formar a sus hijos sin resentimientos ni rencores.

> *La persona que ha superado un divorcio, a pesar del dolor, puede ver el mañana con esperanza.*

Este es un proceso que se tiene que vivir y enfrentar, porque el dolor agudo que se experimenta se tiene que aceptar y superar. La persona que ha superado un divorcio, a pesar del dolor, puede ver el mañana con esperanza. Una vez que se supera el dolor del divorcio y se atraviesa este proceso, la persona vuelve a ser verdaderamente libre; libre para tener emociones equilibradas y relaciones sanas. Renueva sus fuerzas elevando su amor propio y amando su propio proyecto de vida. Llega a tener relaciones sanas que le permitan formar hijos de una manera saludable, y experimentar paz en el hogar. Incluso es capaz de experimentar respeto por su ex cónyuge.

Si alguien se quedó en la etapa de la negación, no puede pensar con claridad, y no tiene fuerzas para replantear su proyecto de vida porque no está preparado. Todos necesitamos paz interior y tener relaciones de respeto mutuo. ¿Cómo lograrlo? Vivamos el proceso que nos permita sanar nuestras emociones. **Cuando seamos capaces de vivir en paz con nosotros mismos, seremos capaces de vivir en paz con los que nos rodean.**

3. El divorcio y el perdón

El perdón trae sanidad a nuestras vidas, pero es necesario recordar que el perdón es un proceso y no ocurre automáticamente. Es un proceso que toma tiempo y requiere de una decisión sostenida en el tiempo, hasta que el recuerdo sane, y la herida ya no duela. Reitero que perdonar no significa que se olvida. Significa que como resultado de sostener el perdón en el tiempo, ya no duele el recuerdo de lo ocurrido. El proceso de sanidad por medio del perdón es como una herida física: requiere ser atendida, consejo profesional, acompañamiento en el proceso, perseverancia y tiempo. Es entonces cuando solo queda el recuerdo, pero no el dolor.

El perdón es una decisión que produce nuevos sentimientos. Con el debido proceso de restauración personal, puede hasta provocar empatía, compasión y afecto. Es necesario recordar que toda cicatrización toma tiempo, y requiere una actitud positiva frente al reto.

4. ¿Por qué debo perdonar luego de un divorcio?

✦   Para lograr tener paz.

✦   Para poder establecer relaciones saludables.

✦   Por la salud emocional de mis hijos. Cuando hay hijos, ellos nunca quieren que sus padres sean enemigos. La enemistad supone un estado de resentimiento y deseo de venganza, lo cual pondrá a los hijos en una condición de tener que tomar partido siempre. La meta de todo padre y madre debería ser proteger el corazón de los hijos, y no imponer sobre ellos cargas que, si son difíciles para los adultos, mucho más lo serán para los menores. Por otra parte, seguiremos siendo sus padres, así que seguiremos hablando para continuar tomando decisiones en cuanto a ellos.

+ Porque necesito poner fin al dolor que llevo por dentro.

+ Para arrancar el odio que me domina.

+ Para poder renunciar al deseo de venganza.

+ Para poder llegar al punto de darnos cuenta de que después del divorcio no tiene sentido seguir haciendo daño.

5. Seamos amigos, o al menos, no seamos enemigos.

Una relación saludable entre los ex cónyuges no siempre significa una relación de cercanía. En algunos casos se logra, en otros, no. En ese abanico, no importa qué tan cercanos resultemos, lo ideal es procurar tener una relación armoniosa y respetuosa donde dos adultos que estuvieron vinculados afectivamente se relacionan para abordar los temas de crianza de sus hijos. Lo importante es mantener una relación de respeto y cordialidad donde fluya una sana comunicación. Esta es una condición deseable para disminuir el impacto negativo en los hijos y en los adultos, pero toma tiempo para que se desarrolle.

Sin importar el tipo de vínculo, este supone establecer una distancia saludable. La distancia saludable es necesaria en toda relación. La distancia mantiene el respeto en el punto correcto, permite tener una buena y necesaria comunicación, y nos ayuda a resolver lo fundamental en la crianza de los niños. La distancia nos permite sentirnos cómodos y respetados.

La condición de cercanía luego del divorcio tiene sus excepciones, y en esas situaciones se necesita una gran distancia por la salud de todos. Es así, por ejemplo, en las relaciones de abuso, agresión y maltrato.

Le comparto algunas historias de personas que se han propuesto hacer lo mejor ante un divorcio, y cómo el perdón les ha permitido encontrar paz, renovar sus fuerzas y realizarse como personas. No siempre se logra tener una relación tan cercana como lo veremos, pero todos debemos luchar por tener una relación de respeto, por amor a los hijos y a nosotros mismos.

"Para estar en amistad con un ex cónyuge, que es alcohólico, irresponsable e indiferente, Dios me enseñó a perdonarlo como mujer, esposa y madre; también pasar por un continuo perdón por lo que hizo y hace. La cura para el dolor y el resentimiento es el perdón sin esperar nada de él. No debe dañarse más la imagen del otro, de por sí ya quebrantada por su obvio proceder. Un saludo cortés, una breve conversación, una sonrisa o un comentario sincero y no hiriente es lo que los hijos deben ver y oír de uno de sus padres hacia su otro progenitor." Giselle

"Tengo 31 años. Me casé a los 24. Duré casada 5 años. La causa del divorcio fue el adulterio de mi esposo con mi mejor amiga. Lo he perdonado y hoy somos amigos; nos comunicamos con respeto. Si no hay respeto para la otra persona, no se puede tener una amistad, y si hay resentimiento y no han sanado las heridas, tampoco se puede dar. Algo que creo de suma importancia es que los dos hayamos aceptado que la relación se terminó, porque si alguno de los dos tiene esperanza de volver, no se puede tener una amistad, ya que para la persona que está esperando volver es muy doloroso. Lo escribo porque lo viví, hasta que me di cuenta de que él solo quería una amistad. Esto solo se da con el paso del tiempo. La amistad deben quererla las dos partes. Es lindo tener una buena amistad con mi ex cónyuge, sobre todo si hay hijos de por medio, para que ellos vean una relación sana y con respeto. Eso sí, siempre y cuando les expliquemos claramente que la relación de los padres es de amistad, para que no se hagan ilusiones de algo que no va a suceder. Hoy en día, todo me lo cuenta y lo quiero mucho como amigo. Soy testimonio vivo de que sí se puede tener una amistad después de un divorcio." Cristina

"Me divorcié hace 4 años. Nací y crecí en un hogar con un padre alcohólico. Como consecuencia, nuestro hogar se desintegró. Tenía 12 años de edad cuando mis padres se divorciaron. Luego mis padres conocieron otras personas con las que formaron pareja. Viví mi adolescencia viendo con naturalidad cómo esas cuatro personas compartían una tarde un café, conversando animadamente en una visita de mi papá y su nueva esposa. Al pasar los años, he visto este mismo ejemplo con otros miembros de mi familia. En mi caso particular, estuve casada 18 años. Al principio nos llevábamos muy bien, pero a los 8 años de casados, se convirtió en alcohólico y nos divorciamos hace 4 años. Con la ayuda de Dios y al sentir Su amor y perdón en mi vida, sanando heridas y tristezas del pasado, logré perdonar al padre de mis hijos y a mí misma. Cuando viene de visita, nos saludamos con mucho respeto, conversamos de nuestros hijos, de nuestras vidas y muchas cosas más. Cuando su bebé nació, me llamó para que lo respaldara porque su hijo nació prematuramente. Cuando viene desanimado a la casa, yo lo animo. Creo que sí debe haber amistad luego del divorcio, para que así puedan recordar con agrado el pasado, y por los hijos, para que puedan crecer sanamente". Claudia

"Después de 8 años de casados, nos divorciamos. Al principio, solo llegaba a pelear, por lo que me distancié de él. Fue duro económicamente, pero mi ex esposo es una persona de buenos sentimientos. Yo no puedo juzgarlo; también cometí muchos errores. Luego, intentamos volver a ser una familia, pero fue imposible. Luego de separados, conversábamos de lo que habíamos vivido y aprendimos de los errores cometidos. Juntos preparamos a nuestros hijos para que supieran que no duraría para siempre, y fuimos tomando las medidas para cuando nos separáramos definitivamente: año y medio después nos volvimos a separar. Ahora puedo decir que somos verdaderos amigos, pensamos en el bien del otro y en el bien de nuestros hijos.

"Hoy estoy casada nuevamente. Ejemplo de nuestra amistad hay muchos, pero le contaré algunos: para un 24 de diciembre, recibimos la Navidad todos juntos, es decir, mi ex esposo con una hermana suya y sobrinos, mi esposo con su mamá, mis hijos y yo. Fue una noche bastante agradable. Aunque para muchos podría ser absurdo, nosotros no lo sentimos así. Nuestros hijos se vieron beneficiados al no tener que elegir con quién pasar una fecha tan importante. En alguna ocasión he aconsejado al padre de mis hijos, con mucho respeto. Hace poco tenía que asistir a la universidad y no había quien cuidara a los niños, principalmente a la bebé, y mi ex esposo cuidó a todos ese día. Mi esposo, con su amplitud de criterio, confianza e inteligencia ha actuado de una forma adecuada y apropiada. Espero y pido a Dios que otras parejas que tienen que llegar al divorcio no aprendan bajo situaciones dolorosas e irremediables, sino que entiendan desde el principio cuál es el mejor camino a seguir." Elizabeth

"Tengo 32 años, contraje matrimonio a mis 22 años y tuve una hija. Viví muchos meses en un resentimiento hacia todo lo que me rodeaba. Me sentía tan mal que deseé morir. Experimenté una autoestima baja e inseguridad personal. Me tomó como un año poder reconstruir mi vida. Logré conquistar metas y estudié; no fue fácil. Quise odiar a mi esposa. Un día, perdoné a mi ex esposa, y fui verdaderamente libre sin ninguna carga. Actualmente somos amigos; la comunicación que existe es exclusivamente referente a mi hija, asuntos escolares y necesidades básicas. Los dos somos libres al comunicarnos sin herirnos. La paz que tengo me costó mucho conseguirla". Lester

El proceso de reconstruir la vida luego de un divorcio es doloroso, pero cuando decidimos refugiarnos en Dios, vivimos el duelo y perdonamos, podemos tener relaciones saludables en beneficio de nuestros hijos y de nosotros mismos.

6. El impacto del divorcio en los niños

El divorcio es percibido por los niños como un suceso negativo que produce emociones dolorosas, confusión e incertidumbre. Es saludable que se les acompañe en el proceso, y se les permita expresar lo que sienten y cómo lo están enfrentando.

Los hijos pueden llegar a sentir que el divorcio sucedió porque ellos no han sido buenos niños, y se culpan por la situación. Luego de que los niños enfrentan la realidad del divorcio, llegan a sentir ira, enojo y resentimiento, especialmente en contra del padre al que culpan por la ruptura del hogar. Algunos se vuelven sobreprotectores de uno de los progenitores, o bien, posesivos, como un modo de aferrarse a lo que queda de la vida que conocieron.

Añadido a esto, van a procurar a toda costa la reconciliación de sus padres. Es un deseo sincero y profundo, pues desean que todo vuelva a ser como antes y que todos vivan juntos. Otros sentimientos que experimentarán a corto plazo son tristeza, duelo, aflicción, inseguridad, ansiedad, e incluso pueden entrar en depresión. Así, poco a poco, el menor inicia un proceso de ajuste gradual a la nueva realidad que vive la familia.

Para Judith Wallerstein, psicóloga e investigadora de los efectos que a largo plazo causa el divorcio en los niños, el hijo de padres divorciados debería llevar un proceso de acompañamiento que le permita completar una secuencia de ajuste a su nueva situación:

+ Perdonar a los padres

+ Manejar los sentimientos de pérdida y rechazo

+ Recuperar un sentido de dirección y libertad para seguir con las actividades acostumbradas

+ Reconocer la ruptura matrimonial

+   Aceptar la permanencia del divorcio y renunciar a los deseos de restaurar la familia

+   Recuperar la confianza y la seguridad para seguir viviendo

La siguiente historia ilustra cómo a pesar del dolor de una ruptura, cuando se hace el esfuerzo por llevar bien el proceso, es posible generar esperanza:

> "Creo que después de un divorcio, nosotros como hijos quedamos muy afectados. Mis padres se divorciaron cuando yo tenía 12 años. Pude experimentar la enemistad de mis padres y, ahora, el cariño que Dios ha traído a ellos. Cuando recién se divorciaron, había enemistad, reproche, heridas y resentimiento. Hoy tengo a los tres, digo a los tres porque mi mamá se casó nuevamente. En casa hay respeto para mi padre, porque es mi padre. No importa lo que haya hecho, mi madre nos enseñó a honrarlo. El respeto que hay hacia mi padrastro es por ser el hombre que le dio el lugar que merecía mi madre, y por darnos todo lo que faltaba cuando llegó. Quiero ser como mi madre. Aunque mis padres no están juntos, los tengo a los dos, puedo buscarlos y contarles mis problemas, puedo verlos reír juntos, tener algún evento familiar sin problemas. Ahí están los dos. Si volviera a nacer, escogería los mismos padres y la misma vida, porque he aprendido muchísimo, porque sus diferencias y sus fracasos en el matrimonio han estado por debajo de su amistad y su cariño. Lo que un día vivieron, me ha ayudado a ser quien soy".

Cuando los adultos superan el divorcio de la mejor forma, desprendiéndose del dolor de la separación, e inician un nuevo proyecto de vida, es cuando pueden tener relaciones sanas y estables. Lo mejor de todo es que pueden guiar a sus hijos por el mismo camino, pues poseen una gran entereza para formar a sus hijos sin resentimientos ni rencores.

7. Consejos prácticos para superar el dolor de un divorcio

Lo deseable respecto al divorcio es que nunca ocurra, por el daño que trae a los adultos y a sus hijos; y que las parejas luchen hasta el final para mantener la relación. Muchas veces, cuando el divorcio es inevitable y es llevado de la mejor manera posible, puede dejar lecciones alentadoras, descubrir dones ocultos y hasta amigos que trascienden el tiempo y las circunstancias. He aquí algunos consejos:

> *El fracaso siempre es un evento y no una persona.*

+ No se estigmatice como fracasado: el divorcio solo es un obstáculo más por superar. El fracaso siempre es un evento y no una persona.

+ Invierta tiempo en usted; llore, reflexione, atiéndase, ámese. Superar un divorcio toma tiempo.

+ Construya un nuevo proyecto de vida personal, y vuélvase a ilusionar con sueños que le inspiren. Tenemos derecho a vivir con esperanza. Tenemos derecho a que la vida nos sorprenda.

+ No involucre a su familia de origen en el conflicto, pero permítales que le brinden apoyo.

+ Aprecie a los buenos amigos, invierta tiempo en ellos y déjese amar.

+ Lleve un acompañamiento profesional.

+ Procure un divorcio por consenso. Incluya el acuerdo sobre la custodia, la patria potestad, la manutención de los niños, y los derechos de visitas.

+ Facilite el contacto con el padre ausente. No es un derecho del padre o la madre tener relación con sus hijos. Es un derecho y una necesidad insustituible del niño el tener contacto con ambos padres.

+ Garantice a los niños el amor de ambos padres.

+ No humille o menosprecie a su ex cónyuge delante de los hijos. Ellos necesitan seguir amándolo, honrándolo y admirándolo.

+ Procure el mínimo de conflicto con su ex cónyuge.

+ No utilice a los niños como instrumento de venganza. Los niños resultan muy heridos si son usados como instrumentos en las pugnas de poder entre los padres.

+ No utilice a sus hijos para conseguir información de su ex pareja. Ellos deben fidelidad a ambos padres.

+ No convierta a sus hijos en sus confidentes; proteja sus corazones.

+ No comprometa a sus hijos a jugar el rol del padre ausente. Ellos simplemente son sus hijos.

+ Busque recuperar su estabilidad y equilibrio emocional. Esa es la fuerza que sus hijos necesitan de ustedes.

+ Facilite un proceso de ayuda emocional y espiritual para los pequeños.

+ Procure que sus hijos mantengan las rutinas que habitualmente tenían. Esto les da seguridad y protección.

+ Permita y facilite las visitas a la casa de abuelos y otros familiares. Ellos también son parte de su familia.

+ Procure mantener vivos en sus hijos los buenos recuerdos del tiempo compartido en familia antes del divorcio.

El divorcio no es algo que las personas desean, y únicamente se debe dar en aquellos casos extremos donde la infidelidad es constante, el abuso no cesa, y las circunstancias no cambian a pesar de la ayuda. Nunca vamos a recomendar el divorcio como una solución a un problema en el matrimonio, porque creo que cuando ambos lo deseamos, podemos salvar el matrimonio, restaurarlo y aun mejorarlo. Pero si el divorcio se ha dado a pesar de su esfuerzo, tenemos que comprender que la vida continúa y la única forma de levantarnos de nuevo con dignidad, amor propio, valor y esperanza es perdonando a quien nos dejó, y perdonándonos a nosotros mismos por los errores cometidos.

El perdón nos permite dejar ir lo que ya no existe, lo que se marchó y todos sabemos que no regresará. Es el perdón lo que nos permite traer paz cuando aún amamos, y no deseamos dejar ir a quien un día fue nuestro cónyuge. Debo perdonar porque el tiempo ha pasado, y lo que un día fue ya no existe. Perdono porque no puedo amargar mi vida pensando en lo que no hicimos bien, y no puedo regresar para repararlo. No puedo exigir ser amado porque el amor no se puede imponer.

> *El perdón nos permite dejar ir lo que ya no existe, lo que se marchó y todos sabemos que no regresará.*

Tenemos que levantarnos con una nueva dignidad y valor personal: el que Dios otorga en medio del dolor. Este perdón solo lo encuentro en el secreto con Dios, cuando decido que no saldré de Su Presencia hasta que me bendiga, renueve mis fuerzas y me permita recobrar la paz. Este tipo de perdón es un milagro que solo viene de la mano de Dios. Si lo intentamos todo, luchamos y a pesar de eso todo termina y no vemos esperanza, es tiempo de refugiarnos en aquel que lo llena todo: en Dios.

Experimentar un divorcio no es fácil. Es un duelo difícil de superar, es devastador, traumático y desgastante. Pero quien decide refugiarse en Dios, busca ayuda profesional y se dispone a superar cada etapa, puede volver a recuperar la paz, la alegría de vivir y la esperanza en un mejor mañana. El divorcio no debería darse nunca, por las consecuencias emocionales, económicas y, sobre todo, por el daño que causa a los niños y a los adultos. Le animo a luchar hasta el final por su familia y por su matrimonio.

El camino de la reconquista

Si es posible recuperar el amor que un día les unió, inténtelo, y no se rinda hasta lograrlo. Le cuento esta historia que ilustra cómo este matrimonio lo ha logrado. Su nombre es Mauricio, nos buscó en *Enfoque a la Familia* porque había dejado a su esposa y a su hijo, ya que se involucró en una aventura que lo alejó de su familia. Estaba confundido, sentía que la nueva relación avivó en él algo que había perdido en su matrimonio, pero se sentía intranquilo y confundido.

Todo inició cuando al buscar a su hijo, se dio cuenta que algo le estaba ocurriendo a su ex esposa. Ella tenía un brillo diferente, una alegría que era contagiosa, su confianza en ella misma estaba creciendo, y experimentaba una paz que lo dejó sorprendido. Literalmente dijo: "Ella tenía un brillo que yo no conocía". Él tuvo curiosidad sobre lo que le estaba pasando y le preguntó. Ella se había refugiado en Dios, y estaba aprendiendo a enfrentar su dolor con fe, esperanza y ánimo. Lo animó a ver videos y escuchar conferencias en www.enfoquealafamilia.com. Esto le guió a nosotros, y nos buscó para expresar lo que le sucedía. Él estaba confundido, pero ahora quería hacer lo correcto y estaba listo para tomar una decisión. Fue en la primera cita donde decidió hacer un alto en su vida, y corregir lo que estaba mal. Entregó su vida a Dios, pidió perdón por sus errores, y se alejó de la persona con la que estaba saliendo. Como lo expresó: "Quiero regresar a casa, pero quiero hacerlo bien, y tomado de la mano de Dios".

¿Es fácil recobrar la confianza cuando ha sido traicionada? No, definitivamente le tomará tiempo a Mauricio tener la confianza de su esposa cuando regresen. Sin embargo, el amor será más fuerte, sólido y firme cuando lo logren, porque ahora conocen el dolor que produce el alejamiento.

> *El amor no se improvisa; se edifica. El perdón no es automático; se decide.*

Quien decida regresar luego de una separación debe tener presente que hay que recorrer el camino de la conquista. No recomiendo que se vuelvan a unir inmediatamente. Más bien les animo a llevar un proceso que les permita poner un buen fundamento. En este proceso deben definir el tipo de matrimonio que desean tener; decidir ser preventivos para no repetir los errores del pasado; mejorar ambos en todo aquello que deben cambiar; y deben ser novios como la primera vez. Les recomendaría que busquen el consejo de alguien que les guíe en el proceso.

El amor no se improvisa; se edifica. El perdón no es automático; se decide. Como efecto directo, sana la herida, tiende puentes que facilitan restaurar la relación, y nos permite recuperar la confianza, la ilusión y los deseos de vivir.

Capítulo 9

Salga de la zona de la culpa

"Perdonar es abrir la puerta para liberar a alguien y darse cuenta de que el prisionero era ¡usted!". –Max Lucado

¡Qué difícil es sentir que por dentro nos acusan, el recuerdo se mantiene vivo, y no podemos olvidar nuestro error! Eso que un día hicimos y que nadie lo sabe, o que nos produce vergüenza porque todos se enteraron, se transforma en un dolor que nunca termina. La culpa nos hace vivir la vergüenza del pasado, y nos estigmatiza como pecadores.

1. La culpa saludable

La culpa saludable es la conciencia que nos indica que hemos hecho algo que está en contra de nuestro código ético, y de los principios que Dios sembró en nuestro corazón y nos marca el camino. Es lo que nos dice que debemos dejar de hacerlo, alejarnos del ambiente que nos saca lo malo, y resarcir el daño que hemos provocado, con una palabra de disculpa, y cambiando de actitud.

Cuando sienta que algo no está bien, y la conciencia le corrija, actúe inmediatamente antes de que la mala conducta se instale y pierda la sensibilidad al Espíritu de Dios que vive en nosotros. He visto a personas que alaban a Dios en la iglesia, y en casa golpean a la esposa o tienen una doble vida. Lo que me ha llamado la atención es que no se inmutan, no experimentan arrepentimiento, y aun me parece que ya no lo ven malo. Es decir, se habituaron al mal y se volvieron malvados, insensibles.

> ## La culpa saludable es la que nos dirige al arrepentimiento, y a mejorar como personas.

La culpa saludable es la que nos dirige al arrepentimiento, y a mejorar como personas.

Esta culpa nos indica que debemos alejarnos de la pornografía, del coqueteo con personas que nos atraen, y nos hace sentir mal cuando maltratamos a nuestro cónyuge. Esta culpa nos permite ser mejores esposos, mejores padres, y mejores hijos, porque nos guía a superarnos y a buscar el bien para la familia.

2. La culpa que enferma y daña

Existe una culpa que nos deja detenidos en el tiempo, nos pesa, nos roba la paz, la libertad, y nos paraliza. Nos produce desánimo y una recriminación constante. Este tipo de culpa nos mortifica por dentro, nos ata al pasado, y nos tira al fondo cada vez que procuramos salir adelante. Es como si el dolor nunca terminara y estuviera ahí para recordarnos que ya no tenemos dignidad, valor ni oportunidad para salir adelante.

Este tipo de culpa debemos aprender a erradicarla de nuestras vidas. Viene muchas veces, cuando hemos sido maltratados en la infancia y ahora nos vemos haciendo lo mismo con otros: golpeamos, gritamos, humillamos, somos irrespetuosos y abusamos de los demás. La víctima más sensible de este comportamiento es nuestra familia. Aún recuerdo la confesión de una madre que con un llanto incontrolable dijo:

"Yo corrijo a mi hija de 15 años con un cable eléctrico. No quiero que ella viva lo que yo viví, quiero protegerla del mal. Pero muchas veces la golpeo a tal punto que le saco la sangre. Creo que voy a perder a mi hija y no quiero. Sé que lo hago porque así lo hizo mi madre conmigo. Muchas veces me dije que no lo haría cuando tuviera a mis hijos, y hoy estoy haciendo lo mismo con mi hija y no quiero hacerlo más. Estoy cansada de golpearla y me siento mal".

Esta madre está cometiendo un delito penal al golpear a su hija. Si no se detiene, podría terminar en la cárcel, o lanzar a su hija a los brazos de cualquier persona porque ella buscará salvar su vida de la agresión. Esta culpa está matando a esta madre. Lo que debe hacer es detenerse para sanar la herida de la infancia, perdonar a su madre, y establecer un proceso para desaprender esta conducta y aprender a hacer lo correcto con su hija. Debe reconocer que no está bien lo que está haciendo. Este es el primer paso para trabajar la culpa dañina, la que simplemente nos hace sentir mal, pero no nos guía a la sanidad ni al cambio positivo.

Cuando algo está mal, admítalo, y asuma la responsabilidad de sus hechos. Esto le permite enfrentar valientemente lo que está sucediendo, y trabajarlo. Pida perdón a su familia por lo que ha hecho. Esto requiere valentía y una actitud de cambio. Escuche lo que ellos quieren decirle, pídales perdón si le tienen miedo y recupere la confianza. Establezca un pacto con su familia de que si incurre en estos actos dañinos y ellos le dicen que lo está haciendo, pedirá perdón, y cambiará de actitud.

Establezca una estrategia para cambiar lo que debe ser superado. Interiorice la conducta correcta, establezca claramente qué es lo que debe hacer ante la situación, y tome la decisión de actuar de esta forma. Un error que hemos cometido es creer que es suficiente con sentirse mal, y esto es solo la primer parte del proceso para el cambio. Debemos tener clara cuál es la conducta correcta, rendir cuentas por nuestros actos, y rectificar si caemos en lo mismo. Sobre todo, es indispensable que busquemos ayuda para establecer una estrategia a seguir, sanar las heridas del pasado y vivir los cambios que deseamos tener. Las personas que amamos merecen obtener lo mejor de nosotros.

> *Las personas que amamos merecen obtener lo mejor de nosotros.*

No podemos continuar la vida con remordimientos. Debemos permitirnos recibir el perdón de Dios, quien tira al fondo del mar todos nuestros errores, es decir, quedan sin efecto para acusarnos, porque Su sacrificio en la cruz es el pago por nuestros pecados. Ahora somos una nueva persona, perdonada, sin vergüenza, y sin recriminaciones. ¿Por lo que, si para Dios hemos sido perdonados, por qué nos seguimos recriminando a nosotros mismos como si insistiéramos en mantener viva la culpa que nos recuerda los errores del pasado? Porque creemos que debemos seguir pagando nuestras culpas el resto de nuestras vidas, pero esto haría nulo el sacrificio de nuestro Señor Jesucristo, quien murió por nuestros pecados y pagó por nosotros. Tenemos que recibir el amor de Dios y levantarnos a partir del perdón, el que nos sienta juntamente con Él en los lugares celestiales, y nos permite vivir con dignidad y con un sentimiento de restauración total.

Así nos habla Dios del perdón y la culpa:

+ *"Porque tanto amó Dios al mundo, que dio a su Hijo unigénito, para que todo el que cree en él no se pierda, sino que tenga vida eterna. Dios no envió a su Hijo al mundo para condenar al mundo, sino para salvarlo por medio de él"* (Juan 3:16-17).

+ *"Pero Dios demuestra su amor por nosotros en esto: en que cuando todavía éramos pecadores, Cristo murió por nosotros"* (Romanos 5:8).

+ *"Pero Dios, que es rico en misericordia, por su gran amor por nosotros, nos dio vida con Cristo, aun cuando estábamos muertos en pecados. ¡Por gracia ustedes han sido salvados! Y en unión con Cristo Jesús, Dios nos resucitó y nos hizo sentar con él en las regiones celestiales, para mostrar en los tiempos venideros la incomparable riqueza de su gracia, que por su bondad derramó sobre nosotros en Cristo Jesús. Porque por gracia ustedes han sido salvados mediante la fe; esto no procede de ustedes, sino que es el regalo de Dios, no por obras, para que nadie se jacte. Porque somos hechura de Dios, creados en Cristo Jesús para buenas obras, las cuales Dios dispuso de antemano a fin de que las pongamos en práctica"* (Efesios 2:4-10).

+ *"Al que no cometió pecado alguno, por nosotros Dios lo trató como pecador, para que en él recibiéramos la justicia de Dios"* (2 Corintios 5:21).

+ *"porque «todo el que invoque el nombre del Señor será salvo"* (Romanos 10:13).

Es el perdón de Dios lo que nos trae esperanza, ánimo, sanidad y restauración. Nos lleva de la muerte a la vida, y de la culpa al perdón, trayendo libertad, paz, ilusión y alegría. Por eso es difícil amar a otros si primero no nos amamos a nosotros mismos, y amarnos es tener la humildad de recibir el perdón de Dios. Es tiempo de liberarnos del remordimiento, porque no podemos regresar al pasado para cambiar las cosas. Tenga compasión y amor por usted mismo, y le será más fácil otorgarlo a las demás personas. Ella dijo:

"De niña fui abusada por mis primos y un vecino. Cuando llegué a la adolescencia pensé que cuando un hombre me decía que le gustaba, lo único que quería era tener sexo conmigo, por lo que rápidamente terminaba acostándome con él. Perdí la cuenta de cuántos fueron los hombres con los que he dormido. Siempre pensé que era mi culpa lo que me había ocurrido, y solamente me sentía avergonzada y sucia. Nunca había podido establecer una relación fundamentada en el amor; solo en el deseo pasajero.

"Pero aquel día cambió mi existencia. Comprendí que había sido perdonada por Dios y que ese perdón me había restaurado totalmente. Sentí que algo sanó en mi alma, y se restauró algo dentro de mí. A partir de aquel día me veo como una mujer que tiene valor propio, dignidad, respeto, y recuperé la admiración por mí misma. Pasaron solamente cuatro años y un buen hombre se enamoró de mí. Me respetó desde el primer día, y yo hice lo mismo con él. Nuestra amistad creció y se convirtió en amor de verdad. Tenemos dos bellos hijos, y todo comenzó desde aquel día que recibí el perdón de mi Dios. Hoy vivo sin culpa, sin remordimiento y sin vergüenza, sé quien soy y cuánto valgo. Dios lo hizo posible".

Esto me recuerda la historia de la mujer encontrada en el acto del adulterio y siendo arrastrada por la calle, todos querían apedrearla. Pero Jesús le pone de pie, la perdona, y le anima a caminar con dignidad, porque ha sido perdonada.

"Los maestros de la ley y los fariseos llevaron entonces a una mujer sorprendida en adulterio, y poniéndola en medio del grupo le dijeron a Jesús:

—Maestro, a esta mujer se le ha sorprendido en el acto mismo de adulterio. En la ley Moisés nos ordenó apedrear a tales mujeres. ¿Tú qué dices?

Con esta pregunta le estaban tendiendo una trampa, para tener de qué acusarlo. Pero Jesús se inclinó y con el dedo comenzó a escribir en el suelo. Y como ellos lo acosaban a preguntas, Jesús se incorporó y les dijo:

—Aquel de ustedes que esté libre de pecado, que tire la primera piedra.

E inclinándose de nuevo, siguió escribiendo en el suelo. Al oír esto, se fueron retirando uno tras otro, comenzando por los más viejos, hasta dejar a Jesús solo con la mujer, que aún seguía allí. Entonces él se incorporó y le preguntó:

—Mujer, ¿dónde están? ¿Ya nadie te condena?

—Nadie, Señor.

—Tampoco yo te condeno. Ahora vete, y no vuelvas a pecar" (Juan 8:3-11).

Esta historia es maravillosa, porque Jesús se inclina al suelo para estar a la altura de ella, ayudarle a incorporarse, hacer que levante el rostro, y la pone a caminar, en un nuevo comienzo, con dignidad y amor.

Ninguno de nosotros puede señalar el error de los demás. Lo único que podemos hacer es ayudar a que los demás vuelvan a caminar. Es la compasión de Jesús lo que me indica que no hemos sido llamados a arrastrarnos por la culpa. Hemos sido llamados a experimentar el perdón y el amor de Dios. Jesús no vino a juzgarnos; vino a perdonarnos.

La culpa atormenta, humilla, lastima y detiene. El perdón nos libera, nos pone de pie, y nos hace caminar y volver a intentarlo. El perdón nos viste de blanco, y Dios nos compara a una novia bien vestida. Así llama Jesucristo a Su Iglesia amada. La compara a una novia vestida de blanco resplandeciente; una novia que viene a buscar y la cual le llena de alegría.

> *El perdón nos libera, nos pone de pie, y nos hace caminar y volver a intentarlo.*

Somos humanos, y eso nos hace imperfectos. Todos vamos a fallar a Dios, a nosotros mismos y a los demás. Esto es lo que nos invita a reconocer que hemos pecado y necesitamos el perdón de Dios. Por eso es bueno que todos vivamos un momento de intimidad donde decidamos sacar la culpa que llevamos por dentro: "Decido recibir el perdón de Dios porque me amo, y no quiero vivir esta vida para siempre". Es permitir que la misericordia de Dios nos cubra y nos ponga de pie. Recibir el perdón de Dios y perdonarnos a nosotros mismos nos permite crecer en todo sentido. Si recibo el perdón me será grato otorgarlo con la misma compasión con la que he sido perdonado.

CAPÍTULO 10

El amor sana heridas y despierta sueños

"El perdón es la forma definitiva del amor." – Reinhold Niebuhr

Cuando estamos heridos emocionalmente, solo perdonar puede sanarnos. El perdón es un proceso que inicia con reconocer que hemos sido lastimados. Es la habilidad de renunciar al deseo de venganza, y transformarlo en palabras de bendición para quien nos hirió. No importa cuántos años pasen, si la herida no ha sido sanada, el recuerdo sigue lastimando relaciones y nos vuele vulnerables emocionalmente.

He descubierto que el mejor camino para sanar las heridas del alma es el amor.

He descubierto que el mejor camino para sanar las heridas del alma es el amor. **De la misma manera que la falta de perdón nos roba la capacidad de amar, el amor nos devuelve la capacidad de perdonar.** Lágrimas de dolor se convierten en sonrisas de alegría y, de repente, la herida que se manifiesta a través del llanto, tristeza y frustración, cuando el amor la cubre, algo ocurre por dentro que experimentamos una sanidad profunda. Es la experiencia del perdón lo que permite que surja ilusión por la vida, y la paz inunda todo nuestro ser.

Lea esta historia y observe cómo el amor cubre una multitud de heridas.

Ella al estar en el baño, se apoyó sobre el lavamanos, y este se desprendió haciendo un gran escándalo y quebrándose al caer. De inmediato afloró el llanto, y entró en un fuerte temblor. Su esposo se aproximó corriendo creyendo que se había caído, y para su sorpresa la encuentra temblando de miedo y con sus manos en el rostro. "¿Pero qué pasa, mi amor?". A lo que ella respondió: "No fue mi culpa, simplemente se cayó". "Pero está bien, mi amor, no te pasó nada, no llores, todo está bien, simplemente lo cambiamos mañana. Linda, no te preocupes, lo vamos a arreglar." Y la abrazó fuertemente mientras ella lloraba en sus brazos.

"En ese momento pensé que me iba a decir de todo menos 'linda'. Fue como si mi alma se preparara para la ofensa, pero no fue así. Fue ahí donde fui sana de la agresión que por años había sufrido, donde solo esperaba el grito y el menosprecio. No sabía cuánto me había afectado, pero ese día su abrazo, su consuelo y su amor sanaron mi corazón. Hoy no lloro cuando me equivoco o cometo un error; no existe el miedo entre nosotros. En la habitación le dije: 'Has sanado mi alma'. Y me digo a mí misma, ¡cómo una actitud de amor sana el corazón de las heridas del pasado! Tengo la confianza de contarle todo, y todo lo decidimos juntos.

"Siempre viví anulada, disminuida, y abusada sexualmente por mi padre. Luego escapé para librarme del dolor tan grande que experimenté cuando a mis quince años mi mamá me dijo que no era mi papá. Vagué por las calles sin esperanza y de trabajo en trabajo, hasta que alguien me animó a estudiar y a superarme.

Luego me casé con un hombre que asistía a la iglesia, y solo añoraba ser amada, protegida, animada, consolada, y ahí nacieron mis cuatro hijos. Pero el abuso y la agresión parecía que me perseguían. Mis hijos sufrían tanto que en su adolescencia me suplicaban que dejara a su papá, y un día me atreví.

"Mis hijos me respaldaron para salir adelante y entre los cinco con el amor de Dios, la generosidad de buenas personas y la esperanza de algo mejor para mis hijos, nos aventuramos a creer en un mejor mañana. Cuando mis hijos habían superado los veinte años, Dios me dio un gran hombre con el que comparto una nueva vida. Su amor, su paciencia, su gentileza y respeto han sanado mi alma herida. Un día me enteré que mi papá biológico, el que nunca me reconoció como su hija, era ganadero, y en secreto soñé con criar ganado. Simplemente era un sueño, y hoy luego de ahorrar un dinero, inicié el negocio de criar ganado. Ahora tengo más de 800 cabezas de ganado.

"Lo que un día soñé, hoy lo estoy viviendo, porque el amor no solo sanó mi alma herida, sino que despertó sueños dormidos, la fuerza de mi interior, el ánimo por la vida y la pasión por Dios.

"No hay día que no le dé gracias a Dios por la vida que tengo. Mis hijos le dicen 'papi' a mi esposo. Él ha sido el padre que ellos no tuvieron, es un caballero, un hombre gentil, amable, y un líder que les inspira. Y sus hijos me dicen 'mami', no porque tengan que hacerlo; simplemente lo comenzaron a hacer porque les nacía hacerlo. Como expresó el otro día el hijo mayor de mi

> *El amor no solo sana el alma herida, sino también despierta sueños que se encontraban dormidos.*

esposo: '¿Cómo no decirle mami, si es la mujer que nos aconseja, nos escucha, y nos ama? Es la mamá que no hemos tenido. Aun antes de hablar cosas con mi papi, le cuento a ella lo que estoy viviendo, porque sé que me aconseja sabiamente'.

"¿Cómo no dar gracias a Dios, si se llevó todo el dolor que viví desde niña? ¿Cómo no amar al hombre que hoy es mi esposo? … porque no solo ha amado a mis hijos, sino que me ama como soy, y con él puedo ser yo misma. El amor me sanó las heridas del pasado, y me ha traído alegría, esperanza, y la más grande de las ilusiones."

Cuando escuché esta historia no podía creerlo, porque pocas veces he visto un milagro tan grande producto del amor. Es una familia reconstruida que ha encontrado la paz, la alegría, el respecto y el amor que tanto añoraban. De esta familia escuché las historias más bellas del mundo. El esposo dijo:

"El otro día decidí salir de compras con mis hijas. Fuimos a otra ciudad, y con toda la ilusión se montaron al auto. Eran ellas, las esposas de mis hijos, porque yo no tengo hijas, pero todas ellas son mis hijas. Era mi primera vez solo con ellas. Me hacían preguntas que siempre habían querido hacer a un padre, y dentro de mí surgió una ilusión que no podía contener.

"Algo dentro de mí se sanó, porque en mi primer matrimonio había sufrido el abuso, la infidelidad y la agresión, por lo que tenía miedo de relacionarme con las mujeres. Ellas me hicieron reír, y aun descubrí que una de ellas sabía tanto de fútbol como yo. No podía creer que yo estuviera experimentando estos sentimientos. Las mujeres de mi casa han sanado mi corazón. Ahora soy respetado, honrado, amado y comprendido como hombre. Soy el líder de una empresa grande, soy empresario, dirijo a miles de personas, y nadie podría imaginar lo que viví en mi hogar. Mis hijos han vuelto a reír, y ellos aman a Dios como lo hago yo. El dolor del abuso no nos robó la esperanza y la ilusión de amar a Dios. Hoy estamos aquí construyendo una nueva historia sellada por el amor".

Mi amigo añadió:

"¿Quién habla del abuso que algunos hombres hemos sufrido, y que en silencio tenemos que soportar? Cuando no pude más, corté con la agresión, y por muchos años luché al lado de mis hijos. Hoy todos estamos agradecidos con Dios por la experiencia que estamos viviendo. El amor sanó nuestros corazones".

Conversando con mis amigos me brotaron las lágrimas varias veces. No podía creer lo que estaba escuchando. En algún momento de la conversación quise saber el grado de dolor que ambos habían vivido en sus primeros matrimonios. Ella quiso contarme, pero él con un suave gesto indicaba que ya no era necesario, y ella asintió. Él tenía toda la razón. Cuando el amor ha sanado las heridas del alma, ya no es necesario ir al pasado para volver a llorar. La historia está completa; no tiene pasado; solo presente y futuro. Las heridas del abuso, el rechazo, las promesas rotas, las amenazas, el abandono y la hipocresía habían quedado en el olvido. El amor era tan grande que no era necesario levantar al muerto. Yo estaba frente a un milagro producto del amor: la sanidad del alma que despierta sueños dormidos.

> *Cuando el amor ha sanado las heridas del alma, ya no es necesario ir al pasado para volver a llorar.*

Esta historia me recuerda lo que dijo el apóstol Pedro: "*Y sobre todo, ámense profundamente, porque el amor es capaz de perdonar muchas ofensas*" (1 Pedro 4:8 PDT).

¿Ha observado a las personas heridas, que con solo iniciar la conversación ya están hablando de lo que un día les hicieron, y al minuto siguiente las lágrimas brotan solas porque el dolor está vivo? No importa cuántos años hayan pasado, el dolor está vivo, el rencor está presente y el recuerdo aún gobierna las emociones. Pero cuando el amor viene y sana la herida, el pasado deja de tener fuerza y el recuerdo es casi historia de alguien más. El amor que nos mueve al perdón nos permite vivir el presente con alegría, y nos proyecta al futuro con ilusión, porque el amor vence el miedo, y el perdón nos libera del dolor.

> El amor que nos mueve al perdón nos permite vivir el presente con alegría, y nos proyecta al futuro con ilusión.

Por esta razón muchos no saben cómo amar y no se dejan amar. Se protegen porque temen ser heridos nuevamente hasta que aprendemos que la vida tiene derecho a sorprendernos con historias de amor que sanan el abuso, la agresión, el abandono, los sueños rotos y la descalificación.

Si aún está herido, abra su corazón a un nuevo comienzo. Es tiempo de recibir el perdón por los errores cometidos y por los que cometieron los demás. Es tiempo de refugiarnos en Dios como nunca antes lo hemos hecho. Deje que sea Él el que sane la herida, y despierte sueños que estaban dormidos.

Todo inicia con una oración:

> *Aquí estoy, Señor Dios. No sé cómo tratar con este dolor y te lo entrego. Perdona mis propios errores, y no dejes que afecte a quienes amo. Decido recibir tu perdón y perdonar a los que me hirieron. Renuncio al rencor, a la amargura, al deseo de venganza, y a la esclavitud del pasado. Hoy los dejo ir y no volveré a ellos. Decido vivir mi presente con ilusión y alegría, porque no nací para sufrir. Nací para reír, vivir en libertad y en paz. Me levantaré para ir tras el sueño que me inspira; amar y dejarme amar. Gracias por darme*

fuerzas para correr, valentía para levantarme, y ánimo para amar y dejarme amar. Gracias por ser mi roca y mi refugio, mi Padre bueno y el abrazo que me consuela. No hay otro lugar al que quiera ir sino a ti Señor, mi Dios. Simplemente aquí estoy para iniciar de nuevo, y amarte con todas mis fuerzas. Aquí estoy, Señor.

CAPÍTULO 11

La dimensionalidad del amor

"Errar es humano; perdonar es divino." – Alexander Pope

Judas era el encargado de las finanzas del grupo. Es decir, sabiendo Jesús cómo era Judas, le encargó algo de gran importancia, pero no solo eso. Le dio su amistad. Le dio un lugar especial en su corazón, y esto hace extraordinario el amor. El amor no solo se otorga a quien nos ama. Podemos llegar a amar aun a nuestro enemigo, al que no nos ama, al que nos menosprecia. Pero, ¿por qué amar al que nos traiciona, al que nos ha dejado, al que no valora nuestro amor? Tenemos que amar a pesar de los errores de los demás porque nos permite vivir la vida a plenitud, en libertad, en paz, y con la premisa de que nacimos para amar y no para odiar. Nacimos para hacer grandes a quienes están a nuestro lado, y no para devolver mal por mal.

Quien decide perdonar vive dimensiones de amor que

> *Nacimos para hacer grandes a quienes están a nuestro lado.*

sobrepasan cualquier circunstancia. Es aquí donde veo a la mujer valiente que a pesar de la traición dice mil veces que "le ama", y que está dispuesta a volverlo a intentar si él lo pide. Es mi amigo Daniel, quien tras el abandono de su esposa, saca adelante a sus hijos. En medio del dolor de la traición, del abandono, no claudicó el privilegio de amar, y encontró fuerzas de donde no tenía para construir vida en sus hijos, por amor.

La enfermedad me despertó a la vida

A él le diagnosticaron cáncer a los 44 años. Su vida profesional había alcanzado el más alto nivel, y nada material le faltaba. La vida corría a un ritmo acelerado, con asistentes, personal a su cargo, una buena reputación y una hermosa familia. Aquella tarde nos encontramos en la casa de su hermano para pedir juntos a Dios por un milagro. Pero cuál fue mi sorpresa; no fui yo el que animó o nutrió su fe. Fue mi amigo el que me inspiró. Él dijo:

"Estoy bien, porque la enfermedad me detuvo para apreciar el amor de mi familia. Hace mucho tiempo no dialogaba con mi mamá, y ahora estamos juntos. Hace mucho no me detenía para abrazar por largo rato a mi hija. Ahora le siento en mi regazo como cuando era una niña, la contemplo, me salen lágrimas de emoción, y no dejo de expresarle cuánto la amo. Hace mucho no contemplaba a mi bella esposa. Ahora no dejamos de hablar, sonreír, y no dejamos de amarnos. Estaba dormido y he despertado. Por eso, solo tengo un deseo: que Dios me sane para vivir esta vida por muchos años más".

Esta experiencia me marcó porque estaba frente a una persona que sustituyó el reclamo por una sonrisa, la queja por un abrazo. Estaba frente a alguien que está vivo a plenitud, y tiene conciencia de que la vida se extingue. ¿Quién de nosotros ignora que un día morirá? Todos sabemos que un día moriremos, pero no sabemos cuándo, cómo y cuánto nos falta. Esto es lo que nos hace caer en un estado de inconsciencia, menosprecio y conflicto. Digo conflicto porque parece que las personas pelean por todo: todo nos incomoda, no sabemos esperar en la fila, nos desesperamos si no nos responden inmediatamente, y sobre todo, si Dios hace silencio en medio de una dificultad.

> *Es tiempo de sustituir el reclamo por una sonrisa, y la queja por un abrazo.*

Es en los momentos de enfermedad donde valoramos la vida, apreciamos a la familia, pedimos perdón, y valoramos las pequeñas cosas que nos rodean. Es un tiempo para realizar nuestro inventario, fortalecer nuestro diálogo interno. Y es el mejor escenario para encontrarnos con Dios. Es ahí donde el amor despierta, y deseamos abrazar, cuidar, apreciar, y expresar lo que sentimos. Pero a la vez es un tiempo para trabajar nuestras culpas; eso que nos acusa y nos roba la tranquilidad. No podemos quedarnos atrapados en los errores del pasado. Debemos trascender con la valentía suficiente para pedir perdón, llorar nuestros errores, y confesar nuestro arrepentimiento hasta que la paz que otorga la comunión con nuestro Señor Cristo Jesús inunde todo nuestro ser. No podemos quedarnos atrapados en el pasado. Debemos vivir el presente con intensidad, y amar.

Cuando estemos cuidando a nuestro ser amado porque experimenta un quebranto de salud, no es tiempo de acusar, recriminar, o hacer sentir mal por lo que un día hizo o dijo. Más bien, es un tiempo para vivir el milagro del perdón, apreciar el momento que tenemos para estar juntos, y amarnos a más no poder. Si la persona está en sus últimos días, libérele de la culpa, expresemos amor y animemos a que descanse. Indíquele que todo estará bien, y deje que la gracia de Dios inunde el lugar.

Acompañar a alguien en su lecho de muerte es maravilloso, si nuestro corazón está en paz y vivimos el milagro del perdón.

Es un buen día para despertar a la conciencia de que estamos bien, que estamos vivos y que nacimos para amar, y disfrutar todo lo que Dios nos ha permitido ser y tener. Encuentro en la Biblia algunos ejemplos maravillosos que nos muestran la libertad con la que podemos llegar a amar y a dejarnos amar.

> *Es un buen día para despertar a la conciencia de que estamos bien, que estamos vivos y que nacimos para amar, y disfrutar todo lo que Dios nos ha permitido ser y tener.*

Una mujer pecadora unge a Jesús

"Uno de los fariseos invitó a Jesús a comer, así que fue a la casa del fariseo y se sentó a la mesa. Ahora bien, vivía en aquel pueblo una mujer que tenía fama de pecadora. Cuando ella se enteró de que Jesús estaba comiendo en casa del fariseo, se presentó con un frasco de alabastro lleno de perfume. Llorando, se arrojó a los pies de Jesús, de manera que se los bañaba en lágrimas. Luego se los secó con los cabellos; también se los besaba y se los ungía con el perfume. Al ver esto, el fariseo que lo había invitado dijo para sí: «Si este hombre fuera profeta, sabría quién es la que lo está tocando, y qué clase de mujer es: una pecadora.» Entonces Jesús le dijo a manera de respuesta: –Simón, tengo algo que decirte. –Dime, Maestro –respondió... Luego se volvió hacia la mujer y le dijo a Simón: –¿Ves a esta mujer? Cuando entré en tu casa, no me diste agua para los pies, pero ella me ha bañado los pies en lágrimas y me los ha secado con sus cabellos. Tú no me besaste, pero ella, desde que entré, no ha dejado de besarme los pies. Tú no me ungiste la cabeza con aceite, pero ella me ungió los pies con perfume. Por esto te digo: si ella ha amado mucho, es que sus muchos pecados le han sido perdonados. Pero a quien poco se le perdona, poco ama. –Tu fe te ha salvado –le dijo Jesús a la mujer–; vete en paz" (Lucas 7:36-50).

"Si ella ha amado mucho, es que sus muchos pecados le han sido perdonados." Cuando experimentamos el perdón de nuestros errores, surge gratitud, y nos regresa la alegría de vivir porque se quita un peso de encima. Nuestras faltas generan culpa, vergüenza, nos roban la libertad, lastiman nuestra dignidad, y nos sentimos juzgados por los demás. Esto produce en nosotros que nos sintamos menos, no merecedores del amor de Dios y de los demás, y permitimos que nos humillen como una forma de ser castigados. Al recibir el perdón de Dios, y dejar que su amor nos llene, experimentamos la libertad para ser nosotros mismos, y es cuando nos sentimos listos para amar y dejarnos amar.

La falta de perdón detiene la capacidad de amar que tenemos, pero también lo hacen el orgullo y la arrogancia. En este caso, el orgullo religioso juzgó a la mujer pecadora, y la mujer pecadora no tenía rostro para entrar con honor a la casa. Tuvo que arrastrarse para liberar su culpa. De esta misma manera nosotros al encontrarnos con Jesús recibimos perdón y somos restaurados. Es mientras confesamos nuestras culpas que Su mano se extiende, nos pone de pie, y nos faculta para amar de la misma forma en que hemos sido amados por Él, es decir, con compasión, misericordia, y perdón.

Si la culpa le detiene, pida perdón. Si el orgullo le aleja de las personas, sáquelo de su corazón, y pida a Dios que le llene de compasión. Nacimos para amar y ser amados.

A menos que el corazón sea sano y experimente el perdón, nos será imposible amar y dejarnos amar. El amor nos hace ser generosos, afectivos, entregados, desinteresados, y apasionados. El amor nos pone de pie y nos hace caminar de nuevo.

La mujer pecadora es puesta de pie. Es perdonada, y se levanta con la capacidad de amar y dejarse amar porque recobra su dignidad, su valor personal, y la libertad que le permite ser ella misma: una persona perdonada, justificada, redimida, apreciada, aceptada y amada.

Jesús se deja amar. No tiene miedo de que la mujer pecadora le exprese amor. Deja que los pecadores le amen, come con ellos, y va a sus casas. Déjese amar; pierda el miedo a expresar y recibir amor.

> *Déjese amar; pierda el miedo a expresar y recibir amor.*

Jesús es libre de prejuicios religiosos, y por eso puede amar y dejarse amar. No permite que el prejuicio de los demás se imponga sobre la oportunidad que tiene de amar y dejarse amar. No es fácil porque requiere la valentía necesaria para superar el miedo al qué dirán. Aún recuerdo la decisión valiente de un amigo que sintiendo amor por las mujeres que vendían su cuerpo por dinero en un lugar de la ciudad, de vez en cuando iba a donde estaban ellas y les compraba una hora de su tiempo, solo para bendecir sus vidas, escucharles y orar por ellas. Su rostro brillaba de emoción cuando se preparaba para hacerlo. Esto le podría costar su reputación por el juicio de los demás, pero lo superaba su amor por el necesitado.

También recuerdo a mi mamá que en varias ocasiones me pedía que le hablara al grupo de niños que limpiaban los zapatos en el pueblo. Les daba de comer, y luego les animaba con mensajes de esperanza. Pero no se quedaba ahí. En una ocasión llevó a casa un grupo de mujeres, y me dijo que les hablara de Dios. Me dijo: "Anoche las fui a buscar, las invité a almorzar, y están listas, deseosas de escucharte". Eran trabajadoras del sexo, las que nadie invita a su casa, las rechazadas. Mi mamá las estaba amando. Es el amor lo que nos mueve a perder el miedo y a superar el qué dirán, con tal de expresar lo que sentimos y nos mueve. Pierda el miedo y decida amar.

Jesús es sano emocionalmente, y por eso tiene amigos a los cuales ama entrañablemente: Juan, el discípulo al que Jesús amaba; Pedro, el amigo a quien buscó para amarlo y afirmarlo; Judas, a quien no le quitó el lugar de amigo, a pesar de su traición.

No nacimos para vivir aislados. Nacimos para amar y dejarnos amar. Por eso duele la traición, duele el rechazo, duele el abandono, y duele no poder expresar amor. Duele sentir miedo de dejarse amar.

Creo en el amor

Era una tarde hermosa, el sol brillaba. Era una de las escenas de amor más puras que había visto. La mirada de ella se cruzaba con la suya. Él reía suavemente y hablaba despacio. Ella nos contaba cómo inició este amor. Habían pasado los años, y él envejeció. Nadie podía cuidarlo, y por eso su sobrina Flor decidió mudarse con él. Él tenía Alzheimer, y poco a poco fue perdiendo la memoria. Ahora no reconoce, pero en medio de su inocencia, de vez en cuando pronuncia el nombre de su amada y le llama Flor, solo para añadir, "muchas gracias". "Él hace brotar lo mejor de nosotros aunque haya perdido la memoria", añadió Flor. Ella dijo:

"Muchas veces me canso en extremo, y pido unos días para renovar las fuerzas. Otras veces quisiera salir para despejarme, pero me pregunto si alguien le cuidará como yo lo hago. En ocasiones se levanta de noche para ir al baño, pero al no encontrarlo, hace sus necesidades en la sala. Es ahí donde lo encuentro perdido, porque al querer regresar a su habitación no encuentra el camino. Nuestras manos se cruzan, y le conduzco suavemente de regreso a la cama. Antes de acostarlo debo limpiarlo para que no se queme.

"Me preguntan si deseo abandonarlo, y no me lo imagino. ¿Quién velaría por él? No me estorba, tampoco me incomoda, no podría dejarlo, es mi abuelo y lo amo. Ahora mi hija me ayuda a cuidarlo. Se nota la compasión que tiene; solo tiene dieciocho, pero ya sabe amarlo como yo lo hago.

"Nos sentamos en el corredor a conversar, y las tardes pasan mientras hablamos de cualquier cosa y de nada. Normalmente mi abuelo termina hablando de la bola, bueno, parece que ahora tiene siete años. Pero no me importa, es mi abuelo, y lo amo como es".

Amo la tierra que Dios nos dio

Estaba en el norte de Argentina, en una tierra de personas maravillosas. En cada casa y con cada familia escuchaba la misma historia de amor. Son colonos, conquistadores de tierras difíciles, que de la nada la han convertido en uno de los lugares más prósperos que conozco. Sus vidas irradian pasión, persistencia, conquista, fuerza, entrega y dedicación. Al escucharles conquistaron mi corazón. Me hicieron recordar mi infancia; aquellos días cuando escuchaba las historias de la abuela, me identificaba con la pasión de los conquistadores, de los luchadores que han hecho grande nuestros países.

Uno de ellos me dijo:

"Han transcurrido solo 34 años desde que llegamos. No había nada, solamente tres casas distantes. Lo habíamos vendido todo por un nuevo amor. Traíamos pasión, ilusión, coraje y mucha fuerza. No todos lo resistieron, porque el precio era muy alto. Había que trabajar de sol a sol, no teníamos dónde vivir. Lo hacíamos en un rancho que construimos, pero el granizo lo destruyó. Una tarde maté un mapache para llevar algo a casa para comer, todo se había terminado, y entre llanto y súplica fue lo único que apareció. Mi esposa lo cocinó, pero no quiso comer. La carne era dura, pero la ilusión nos mantenía vivos. Era la Chacra, hectáreas de terreno para amar. Solo ama quien paga el precio, quien ama cada árbol, y quien cultiva con paciencia. Hay quienes solo explotaron la tierra y quebraron, porque le sacaron a la tierra todo, sin devolverle nada a cambio.

"La tierra se tiene que amar para que dé fruto a su tiempo. Hay que diversificar, abonar y cuidar. Uno llega a amar de tal manera que hasta nombre le pone a los árboles que siembra, y aun llega a dialogar con los animales. Pareciera que le entienden a uno porque se alegran cuando llego. Ahora tenemos un pueblo. Nació de la nada, con trabajo fuerte, perseverancia y mucho amor. Esto lo inspira la familia porque todos pensamos en lo que vamos a dejarles a ellos. Ahora que han crecido, no todos tienen amor por la tierra que Dios nos dio. Creo que no saben cuánto costó, y eso hace la diferencia. Lo que no cuesta no se valora, no se cuida y no se cultiva".

Esta experiencia me marcó porque pocas veces había visto tanto amor por una tierra buena, próspera y noble. El amor a la tierra, el trabajo fuerte, la perseverancia y el cuidado se traducen en fruto abundante y prosperidad.

Lo que no cuesta no se valora, no se cuida y no se cultiva.

Capítulo 12

Los hombres también lloran

"La gratitud hace que el amor crezca."

Se ha dicho que los hombres no lloran, ya sea porque así nos enseñaron en casa, o bien por la cultura machista en la que hemos crecido. Pero permítame narrarle algunas historias que por la naturaleza de mi trabajo he tenido el privilegio de vivir.

Recientemente al terminar un seminario, un Mayor de la Infantería de Marina del país donde me encontraba me dijo: "Mi papá era militar, nunca lo había visto llorar, hasta que aquel día siendo yo un adolescente, le dije que me iría de casa. Fue tan impactante para mí… él lloraba desconsoladamente, no podía comprender cómo su hijo se iría de casa antes de tiempo".

En secreto o en público, todos los padres hemos llorado alguna vez, en la sala de espera de algún hospital, mientras oramos a Dios para que nuestro hijo salga de la crisis en la que se encuentra; en el nacimiento de nuestro primer hijo, o bien al verle graduarse de preescolar. No necesariamente todos los padres lloramos por lo mismo, pero a todos en algún momento nos toca llorar por nuestros hijos.

Me encontraba con un matrimonio que recién habían perdido a su hijo de dos años. Ambos lloran copiosamente con preguntas sin respuesta: "¿Por qué si le amamos tanto? ¿Por qué nos ocurre esto a nosotros?". De repente, el caballero se voltea a su esposa, y con la ternura más sublime que he visto le dice: "No es tu culpa y tampoco la mía... No es tu culpa, mi amor". Hay momentos que nunca se olvidan y este es uno de ellos. El dolor, la angustia, las preguntas sin respuesta, y el amor por la dama que ha sido amiga, esposa, y compañera de lucha, nos arrancan lágrimas de dolor que no tienen otra forma de expresarse, más que llorando.

Los hombres sí lloran por amor. Lloran porque le dijo que sí luego de insistir por años. Lloran porque le terminan cuando aún le ama. Se llora cuando pasan los años y a pesar de nuestros errores, el amor sigue latiendo en el corazón, y bajo una circunstancia difícil me doy cuenta del calibre de mujer que ha compartido mi vida. Y también se llora cuando el amor de nuestra vida parte para siempre.

Conversaba con un matrimonio producto de un error (dijo él). La razón del encuentro era que él seguía amando a su ex-esposa y a sus hijos. Pocas veces he visto llorar a un hombre de esta manera. Él es alto, robusto, emprendedor, profesional y empresario, pero ahora lloraba como un niño arrepentido. Entre lágrimas y balbuceos, decía: "Lo nuestro no tenía por qué haber ocurrido, usted lo sabe". Pero la historia estaba contada, lloraba con remordimiento su error, y no podía devolver el tiempo. Su sentido de responsabilidad le indicaba que tenía que aceptar las consecuencias: la distancia de sus hijos, el calor del hogar que tanto le había costado construir, y los abrazos de la mujer de su juventud.

No importa lo exitoso que un hombre sea, en muchos momentos de la vida llorará sus errores, y en silencio sentirá la culpa que le carcome el alma mientras se pregunta: "¿Qué hice?". Esta escena la he visto repetirse tantas veces, que me pregunto por qué no llorar más frecuentemente; llorar lágrimas que nos permitan devolvernos en el camino simplemente para decir "lo siento", aunque pensemos que es muy tarde.

Leí la historia de un esposo que había perdido a su esposa luego de 54 años de matrimonio. Su hijo, quien cuenta la historia, dijo que su padre casi no lloró en el momento del funeral, pero que al transcurrir las horas, les solicitó que fueran al cementerio. Se lanzó sobre la lápida, y comenzó a recordar los momentos que pasaron juntos: el día que ella le abrazó cuando él perdió el trabajo, las lágrimas que lloraron juntos cuando alguno de sus hijos se enfermaba de gravedad, las ocasiones que le pidió perdón por algún error cometido. De repente, todos lloraban tratando de consolarle, y al cabo de unos minutos, él secó sus lágrimas y dijo: "No lloren, hijos, no lloren, porque no ha sido un mal día... no fue ella la que tuvo que pasar este momento amargo de tener que despedirse; me tocó a mí. No lloren, hijos, porque no ha sido un mal día".

Cada vez que leo o cuento esta historia me conmuevo, porque al final de la carrera, cuando el ser amado ha partido, todos lloraremos porque se fueron los momentos que pasamos juntos, y solo queda el recuerdo del tiempo compartido. Estas son las lágrimas que más se disfrutan, las que brotan del corazón cuando hemos amado con intensidad. Cuando a pesar de los errores, aún estamos juntos; cuando a pesar de la distancia, te valoro como nunca antes.

Terminaba una conferencia en la que hablaba del perdón. El auditorio lo constituía un grupo de ejecutivos de ventas de una prestigiosa compañía y, sin que lo solicitara, al final un joven se puso de pie y llorando copiosamente se dirigió a sus compañeros. Él dijo:

"Hace varios años mi papá y yo nos peleamos, y dejamos de hablarnos. Él no ha conocido a mis hijas, y estoy seguro que en el fondo quiere hacerlo. Ninguno de los dos nos hemos dado la oportunidad de acercarnos, pero salgo de aquí a llamarlo, y le preguntaré si quiere conocer a su nieta. Este fin de semana iré a su casa con mi familia para que mi papá conozca a mi hija".

Este caballero no tuvo vergüenza de llorar frente a sus compañeros, porque a pesar de las bromas pesadas que nos damos entre los hombres jugando de machistas, en el fondo todos deseamos una oportunidad como esta para llorar nuestras penas, y sacar lo que nos está matando por dentro.

Aunque se haya crecido en una cultura machista, los hombres sí lloran, y nada tiene que ver con nuestra hombría. Sí tiene que ver con ser seres humanos dotados por Dios con la sensibilidad de llorar nuestras alegrías y nuestros dolores. En público o en secreto, los hombres también lloran.

Era un día hermoso, transcurría la mañana, y lo disfrutaba con mi papá y mis hijos. Mi papá tenía 85 años en ese momento, y su vida estaba plena. Ese día quería que papá le contara a mis hijos su historia, porque deseaba que Daniel y Esteban comprendieran el valor del presente a partir de encontrar conexión con el pasado, y fortalecer el legado que nos han dejado nuestros padres.

Papá les contaba las historias de su infancia, las carencias, los sacrificios de su madre, y cómo su papá muere cuando él y sus 7 hermanos estaban pequeños.

"No fue fácil. Tenía como 14 años cuando tuve que salir a trabajar porque el dinero que ganaba mamá en su trabajo no alcanzaba. Mamá vendía verduras en el mercado. Nosotros vivíamos en una de las últimas casas del pueblo. En las noches se escuchaba el tigre rondando la casa. El amor llenaba nuestro hogar. A pesar de que papá no estaba, el hogar estaba lleno de alegría y amor. Mamá era como un dique que sostenía todo, y solo dejaba pasar lo bueno, la esperanza y el amor a Dios. Unas misioneras habían llegado a mi pueblo a predicar, y mi papá conoció a Dios antes de morir. En nuestra casa estaba Dios, y era Él el que nos daba la fuerza necesaria para seguir adelante.

"En aquellas carencias, me hice hombre. Fue como a los 14 años cuando me di cuenta que la comida no alcanzaba, y hablé con un amigo y decidimos irnos a trabajar. Era una tarde lluviosa cuando le dije a mi mamá que me iba a los puertos y a las bananeras a trabajar. Ella estaba enferma, y solo recuerdo que sus lágrimas corrían por sus mejillas. Sabía que no podía detenerme porque en aquellos años el trabajo era símbolo de honra, y todos crecíamos más temprano. Esa tarde nos abrazamos y nos despedimos. Así inició mi aventura por la vida. Solo llegué a sexto grado de la escuela. Pero Dios estuvo conmigo en todo momento.

"Tuve que enfrentar la vida por mí mismo. En el trabajo los adultos me robaban mis primeros salarios, por lo que aprendí a defenderme y a valerme por mí mismo. Pero eso me ayudó a luchar por lo que amaba."

Las historias continuaban entre risas, anécdotas y enseñanzas valiosas. Daniel y Esteban escuchaban al abuelo con gran atención.

Transcurrieron las horas, y de un momento a otro observo que papá llora suavemente. No era un llanto de dolor, tampoco había desesperación. Era un llanto con un profundo sentimiento. Fue entonces cuando le pregunté si estaba bien, y respondió algo que me hizo pensar y me sirvió de lección para toda la vida. "Estoy bien, hijo, estoy bien. Pero ¿cómo no llorar si los tengo a ustedes mis hijos, mi familia? Lloro de emoción. Lloro porque estamos juntos."

En ese momento fui yo el sorprendido, y me detuve para hacer mi reflexión. ¿Cuándo fue la última vez que lloré por amor? ¿Cuándo fue la última vez que me detuve para contemplar a mis hijos o a mi esposa, y lloré de emoción porque estábamos juntos? Me dije: "No puede ser que es hasta los 85 años cuando uno llora por amor. No puede ser que es hasta que la vida está a punto de extinguirse que uno se detiene para llorar porque estamos juntos".

Tome la decisión de detenerse a contemplar, para amar y apreciar más.

A partir de aquel momento, tomé la decisión de detenerme para contemplar, amar y apreciar más. No quiero que el tiempo pase en un estado de inconsciencia. Quisiera que el tiempo tenga sentido porque contemplo, aprecio, amo, y lloro de alegría porque estamos juntos.

Le he pedido a Dios que me despierte para tener conciencia de que estoy vivo, que existo, y que me permita valorar la vida en la dimensión correcta. Porque, ¿cuántos días tengo para amar, para expresarles a las personas el lugar que ocupan en mi corazón y fundirme en un abrazo como si fuera la última vez que tengo para hacerlo? Hoy me doy licencia para emocionarme más porque algo dentro de mí cambió, ya que no quiero esperar hasta los 85 años para llorar por amor.

Parece que nos acostumbramos a estar juntos. La rutina nos conduce a cumplir las obligaciones cotidianas, o bien hacemos de la vida un correr de un lado a otro. No dejemos que la rutina, la costumbre, las obligaciones, el cansancio, las presiones económicas, los conflictos, el desencanto o el menosprecio nos roben el privilegio de llorar por amor. Porque es el amor lo que nos indica que estamos vivos, que la vida tiene sentido, y nos brinda razones para vivir.

Ahora que tengo conciencia de que en el amor también se llora, me es más fácil observar esos momentos extraordinarios que la vida nos da para aprender a valorar el amor. Ahora me detengo para ver a Jesucristo llorar por amor. Quisiera imaginarme la escena cuando los hombres de la época contemplaban al Maestro llorar por amor y expresar con lágrimas sus sentimientos hacia las personas. No era común que un hombre de la época expresara sus emociones como Jesús lo estaba haciendo. Esto nos invita a subir al siguiente nivel: la vida es para vivirse teniendo conexiones profundas con las personas que tenemos cerca.

> *Es el amor lo que nos indica que estamos vivos, que la vida tiene sentido, y nos brinda razones para vivir.*

Para comprender mejor el tema, recorramos algunas de esas escenas donde Jesús expresa lo que siente, y vive a plenitud el amor que le une a la humanidad y a sus amigos.

Le cuento la historia según narra el Evangelio de Juan en el Capítulo 11. Observe cómo en la narración de Juan se destacan expresiones de amor que son para interiorizar, y de las cuales tenemos mucho qué aprender. Le destaco esto antes de que lea la historia para que pueda iluminarse su imaginación, y así apreciar las dimensiones del amor.

1. *"Las dos hermanas mandaron a decirle a Jesús: «Señor, tu amigo querido está enfermo»"* (v. 3). ¿Se imagina cuántas conversaciones tuvieron, conversaciones que unieron sus corazones? ¿Se imagina cuántas veces se encontraron para preguntarse cómo estaban y posiblemente las hermanas de Lázaro les escuchaban reír, llorar y orar juntos? Todos necesitamos tener amigos del alma; amigos con los cuales podemos abrir el corazón, y tener relaciones profundas. Quien tiene amigos amados descubre dimensiones de amor que no se pueden descubrir de otra forma.

> *Quien tiene amigos amados descubre dimensiones de amor que no se pueden descubrir de otra forma.*

2. *"Jesús amaba a Marta, a su hermana y a Lázaro"* (v.5). Era notorio a todos que Jesús amaba a Marta y a Lázaro. La pregunta que me hago es: ¿Por qué era notorio a todos que ellos se amaban? Posiblemente porque hablaba con sus discípulos sobre el amor que le unía a sus amigos. No detenga su capacidad de amar, exprésalo libremente, vívalo con naturalidad. Nacimos para tener amigos a los cuales amar. ¡Que sea notorio a las personas que usted ama! No es símbolo de debilidad, no es sinónimo de cobardía, es

sinónimo de que está vivo, que siente, que está canalizando todo el potencial de amor que tiene.

3. *"Después dijo a sus discípulos: —Volvamos a Judea. —Rabí —objetaron ellos—, hace muy poco los judíos intentaron apedrearte, ¿y todavía quieres volver allá?"* (vs. 7-8). El amor tiene un precio. Si el amor no se alimenta, el amor muere. Cuando llegamos a amar en esta dimensión, pagamos el precio más alto del mundo, porque nada puede detener el amor. Es por esta razón que un padre y una madre renuncian a privilegios con tal de que sus hijos tengan mejores oportunidades de estudio. La capacidad para amar está directamente ligada con la capacidad de sacrificarnos. Si no nos sacrificamos por la otra persona, el amor es superficial y puede morir fácilmente.

> *El amor tiene un precio. Si el amor no se alimenta, el amor muere.*

Por eso el amor de una madre es impresionante. ¿De dónde nace? Ella llevó a sus hijos en el vientre por nueve meses, y todo remata con los dolores más fuertes que se puedan experimentar como son los dolores de parto. Jesús estuvo dispuesto a arriesgar su vida con tal de estar con sus amigos amados. Si queremos descubrir esta dimensión de amor, debemos sacrificarnos por las personas que amamos. Sin sacrificio no hay amor.

4. *"Sí, Señor; yo creo que tú eres el Cristo, el Hijo de Dios, el que había de venir al mundo"* (v. 27). Marta admira profundamente a Jesús, y le otorga el lugar correcto en su corazón. Sin admiración es imposible amar. Muchas veces menospreciamos a los demás porque les hemos quitado nuestra admiración. Marta podía haberse quedado con el reclamo de que no llegó a tiempo para sanar a su hermano, al amigo del alma. Podría haber guardado resentimiento, y el resentimiento nos separa, nos aleja, nos deja viviendo

en la soledad. Para poder llegar a amar en estas dimensiones debemos decidir admirar, lo que implica concentrarnos en las virtudes que posee la otra persona y dejar de lado la expectativa, la decepción, o bien los errores del camino. El amor crece a partir de la admiración.

> *El amor crece a partir de la admiración.*

5. *"Al ver llorar a María y a los judíos que la habían acompañado, Jesús se turbó y se conmovió profundamente. −¿Dónde lo han puesto? −preguntó. −Ven a verlo, Señor −le respondieron. Jesús lloró"* (vs. 33-35). Me fascina ver esta escena porque se parece a la de mi padre cuando observaba a mis hijos. Él lloró por amor. Jesús se conmovió profundamente al ver el dolor de María, su amiga, y no pudo contener el llanto y la emoción. Si aprendemos a llorar por amor, experimentaremos sanidad, salud, bienestar, y una sensación de vida que no tiene nombre.

Llore contemplando a sus hijos dormir, llore contemplando a sus padres, llore con sus amigos porque se volvieron a ver, y dejaron que el amor que les une les permita expresar todo lo que sienten. No es malo llorar porque el dolor de los demás nos duele como a ellos. Hoy hemos perdido la capacidad de llorar por amor, y nacimos para amar tan profundamente que tiene que llegar el momento donde no podamos contener las lágrimas.

Muerte de Lázaro

"Había un hombre enfermo llamado Lázaro, que era de Betania, el pueblo de María y Marta, sus hermanas. María era la misma que ungió con perfume al Señor, y le secó los pies con sus cabellos. Las dos hermanas mandaron a decirle a Jesús: «Señor, tu amigo querido está enfermo.» Cuando Jesús oyó esto, dijo: «Esta enfermedad no terminará en muerte, sino que es para la gloria de Dios,

para que por ella el Hijo de Dios sea glorificado.» **Jesús amaba a Marta, a su hermana y a Lázaro.** *A pesar de eso, cuando oyó que Lázaro estaba enfermo, se quedó dos días más donde se encontraba.* **"Después dijo a sus discípulos:–Volvamos a Judea.** *–Rabí –objetaron ellos–, hace muy poco los judíos intentaron apedrearte, ¿y todavía quieres volver allá? –¿Acaso el día no tiene doce horas? –respondió Jesús–. El que anda de día no tropieza, porque tiene la luz de este mundo. Pero el que anda de noche sí tropieza, porque no tiene luz. Dicho esto, añadió:–***Nuestro amigo Lázaro duerme, pero voy a despertarlo.** *–Señor –respondieron sus discípulos", si duerme, es que va a recuperarse. Jesús les hablaba de la muerte de Lázaro, pero sus discípulos pensaron que se refería al sueño natural. Por eso les dijo claramente: –Lázaro ha muerto, y por causa de ustedes me alegro de no haber estado allí, para que crean. Pero vamos a verlo. Entonces Tomás, apodado el Gemelo, dijo a los otros discípulos:*

—Vayamos también nosotros, para morir con él."

Jesús consuela a las hermanas de Lázaro

"A su llegada, Jesús se encontró con que Lázaro llevaba ya cuatro días en el sepulcro. Betania estaba cerca de Jerusalén, como a tres kilómetros de distancia, y muchos judíos habían ido a casa de Marta y de María, a darles el pésame por la muerte de su hermano. Cuando Marta supo que Jesús llegaba, fue a su encuentro; pero María se quedó en la casa. –Señor –le dijo Marta a Jesús–, si hubieras estado aquí, mi hermano no habría muerto. Pero yo sé que aun ahora Dios te dará todo lo que le pidas.

*"Tu hermano resucitará –le dijo Jesús. –Yo sé que resucitará en la resurrección, en el día final –respondió Marta. Entonces Jesús le dijo:–Yo soy la resurrección y la vida. El que cree en mí vivirá, aunque muera; y todo el que vive y cree en mí no morirá jamás. ¿Crees esto? –***Sí, Señor; yo creo que tú eres el Cristo, el Hijo de Dios, el que había de venir al mundo.** *Dicho esto, Marta regresó*

a la casa y, llamando a su hermana María, le dijo en privado:–El Maestro está aquí y te llama. Cuando María oyó esto, se levantó rápidamente y fue a su encuentro. Jesús aún no había entrado en el pueblo, sino que todavía estaba en el lugar donde Marta se había encontrado con él. Los judíos que habían estado con María en la casa, dándole el pésame, al ver que se había levantado y había salido de prisa, la siguieron, pensando que iba al sepulcro a llorar. Cuando María llegó adonde estaba Jesús y lo vio, se arrojó a sus pies y le dijo:

"Señor, si hubieras estado aquí, mi hermano no habría muerto. **Al ver llorar a María y a los judíos que la habían acompañado, Jesús se turbó y se conmovió profundamente. –¿Dónde lo han puesto? –preguntó.**–*Ven a verlo, Señor –le respondieron.* **Jesús lloró.** *–¡Miren cuánto lo quería! –dijeron los judíos. Pero algunos de ellos comentaban:–Éste, que le abrió los ojos al ciego, ¿no podría haber impedido que Lázaro muriera?"*

Jesús resucita a Lázaro

" Conmovido una vez más, Jesús se acercó al sepulcro. Era una cueva cuya entrada estaba tapada con una piedra. –Quiten la piedra –ordenó Jesús. Marta, la hermana del difunto, objetó:–Señor, ya debe oler mal, pues lleva cuatro días allí. –¿No te dije que si crees verás la gloria de Dios? –le contestó Jesús. Entonces quitaron la piedra. Jesús, alzando la vista, dijo: –Padre, te doy gracias porque me has escuchado. Ya sabía yo que siempre me escuchas, pero lo dije por la gente que está aquí presente, para que crean que tú me enviaste. Dicho esto, gritó con todas sus fuerzas:–¡Lázaro, sal fuera! El muerto salió, con vendas en las manos y en los pies, y el rostro cubierto con un sudario.–Quítenle las vendas y dejen que se vaya –les dijo Jesús" (Juan 11: 1-44).

En este pasaje vemos a Jesús conmovido, y llora al sentir el dolor de las hermanas de su amigo. Jesús no llora porque es débil, llora porque experimenta dolor y expresa sus emociones libremente. Tenía poder para dar vida y de hecho, la otorga a Lázaro, su amigo. Es fuerte, pero es humano; es grande, pero es sensible. Es aquí donde Jesús nos enseña que identificarse con el dolor de los demás nos convierte en personas afectivas.

Jesús no solamente llora con Marta y María. Jesús llora también por Jerusalén. *Cuando se acercaba a Jerusalén, Jesús vio la ciudad y lloró por ella"* (Lucas 19:41). Es la compasión y la identificación con los demás lo que nos permite llorar por amor. Es sentir el dolor de los demás; es ver lo que viven lo que nos mueve a llorar por amor. Me pregunto, ¿cuántas veces hemos llorado por nuestro pueblo, por nuestro país, y por nuestra familia extendida? Si no lloramos por amor, no hemos descubierto lo que significa estar vivo.

> *Si no lloramos por amor, no hemos descubierto lo que significa estar vivo.*

Jesús amaba a sus discípulos, y les muestra un camino indicándoles que deben amar a los demás como Él les ha amado. Setenta discípulos les seguían. Entre los 70 tenía a 12 que siempre estaban con él; entre los 12, tres eran sus amigos más cercanos, y entre los tres, uno se hizo llamar el discípulo a quien Jesús amaba. Juan destaca esta característica en el Evangelio y lo cita en dos ocasiones. Juan, el discípulo a quien Jesús amaba: " *– ¡Es el Señor! –dijo a Pedro el discípulo a quien Jesús amaba"* (Juan 21:7). *"Uno de ellos, el discípulo a quien Jesús amaba, estaba a su lado"* (Juan 13: 23).

Las relaciones interpersonales de Jesús estaban marcadas por el amor. Instruyó a sus discípulos a que amaran a los demás como Él los había amado a ellos. Por eso podemos concluir que amar debe ser una constante en la vida de cada persona. Hay escenas de Jesús que nos llevan a descubrir dimensiones de amor que nos invitan a subir de nivel. Amó aun a Judas, el discípulo que lo traicionó. Cuando Judas entrega al Señor Jesucristo con un beso, Jesús le mira a los ojos y le dice: *"Amigo, ¿a qué vienes?"* (Mateo 26:50 RVR 1960).

"Mientras todavía hablaba, vino Judas, uno de los doce, y con él mucha gente con espadas y palos, de parte de los principales sacerdotes y de los ancianos del pueblo. Y el que le entregaba les había dado señal, diciendo: Al que yo besare, ése es; prendedle. Y en seguida se acercó a Jesús y dijo: ¡¡Salve, Maestro! Y le besó. Y Jesús le dijo: Amigo, ¿a qué vienes? Entonces se acercaron y echaron mano a Jesús, y le prendieron" (Mateo 26: 47-50 RVR 1960).

Pedro llora por haber traicionado a Jesús

" –¡Hombre, no sé de qué estás hablando! –replicó Pedro. En el mismo momento en que dijo eso, cantó el gallo. **El Señor se volvió y miró directamente a Pedro.** *Entonces Pedro se acordó de lo que el Señor le había dicho: «Hoy mismo, antes de que el gallo cante, me negarás tres veces.» Y saliendo de allí,* **lloró amargamente"** (Lucas 22: 60-62).

Pedro estaba traicionando a su Maestro, a su Señor, y es la conciencia lo que le permite correr a un lugar apartado para llorar su dolor, su traición. Este llanto solo surge cuando amamos mucho, y valoramos el vínculo que nos une. En una cultura de hombres fuertes, valerosos, acostumbrados al trabajo duro y a la adversidad, Pedro llora como un niño, experimentando uno de los sentimientos más nobles que se pueden experimentar, que es el dolor de la traición. Pedro ha negado a quien ama, y ha fallado a quien admira. Es válido llorar por amor. Es válido expresar lo que sentimos.

Anoche lloré al despedirme

En algunas ocasiones, cuando he estado con familias que me hospedan en sus casas y logramos una gran intimidad, es difícil despedirse porque surge un sentimiento especial: es como si nos conociéramos de siempre. De repente sus dolores son los míos, y sus alegrías se convierten en mi ilusión. Me ocurrió en Andresito, Argentina. Así se llama el pueblo que ha surgido del sacrificio y la valentía de hombres y mujeres que abrieron camino de la nada. Son verdaderos colonos que llegaron con ilusión y mucho coraje. Mis amigos me hospedaron en su casa, comimos juntos, reímos, servimos a la comunidad con pasión, y aún el último día paseamos, y nos emocionábamos recordando lo que habíamos vivido. Al despedirnos, lloramos. ¡Cómo no hacerlo si me entregaron todo: su corazón, su cariño, sus historias, sus sueños y como si fuera poco, siempre me escriben para contarme que están orando por mi familia y por mí! Esa tarde no queríamos despedirnos. Ahora... simplemente nos amamos.

La vida pasa cuando no nos damos la oportunidad de amar. El arte de detenerse para involucrarse emocionalmente con las personas que se cruzan en el camino no es común, y creo que nos estamos perdiendo una oportunidad maravillosa para amar. Es la prisa, pero también las muchas ocupaciones las que no nos permiten amar; eso que te hace llorar cuando te despides, y genera recuerdos que se te clavan en el corazón. Pero solo fueron cuatro días los que estuvimos juntos, y nos habíamos visto una sola vez antes, ¿qué es lo que te permite amar? La franqueza con la que te reciben, el abrir el corazón para contar lo que duele, pasar tiempo comiendo y sobre todo, la confianza que nos damos, acompañada de respeto y expresiones de afecto. ¡Cómo no amarlos si te abrazan, te besan con sinceridad, y comparten lo mejor que tienen!

Son estas historias las que te hacen amar la vida, porque no tendría sentido vivir sin amar. El más grande objetivo de mi vida es amar a los demás como Jesús me ama a mí, porque he descubierto que la calidad de vida aumenta con la cantidad de personas que amo.

> *La calidad de vida aumenta con la cantidad de personas que amo.*

Un día decidí amar a cada persona que me diera la oportunidad de hacerlo, la oportunidad de descubrir lo hermoso que tiene. Quiero ser sincero, abierto, y reconocer las virtudes de los demás sin titubear. No importa cuánto tiempo tenemos para amarnos, lo podemos lograr en horas o en días. Todo depende de nosotros, si estamos dispuestos a entregarnos en sinceridad.

Capítulo 13

¿Cuál es su lenguaje del perdón?

"El perdón no es un acto ocasional; es una actitud constante." – Dr. Martin Luther King

Pedir perdón no es encontrar una razón para justificar lo que hicimos. Es reconocer que cometimos un error, y deseamos disculparnos por lo sucedido. ¿Por qué nos cuesta pedir perdón? Porque requiere humildad para reconocer nuestro error, o porque no nos enseñaron a hacerlo.

Lo que se espera de la persona que pide perdón

+ Demuestre sinceridad, identificación y deseos de cambio.

+ Sea natural y no forzado o por obligación.

+ Pida perdón sin justificarse o excusarse.

+ Escuche con identificación y valide sus sentimientos.

+ Permita que la otra persona exprese sus sentimientos libremente.

✦   Está bien que llore.

✦   No culpe a alguien más por lo que es su responsabilidad. "Llegué tarde por el tráfico", en lugar de decir, "me ocupé en otras cosas, lo recordé tarde".

✦   Respete cuando la otra persona expresa sus sentimientos y llora.

✦   No manipule con amenazas y no mienta.

Lo que nunca se debe decir al pedir perdón: "No es para tanto", "No llores", "Todos lo hacen", "Pero hace tiempo no lo hago", "Tranquila, ya se te pasará". Estas frases subestiman los sentimientos de la otra persona, y al pedir perdón estamos identificándonos con la persona que amamos. Esto implica escucharle con paciencia y validar sus sentimientos.

No estamos pidiendo perdón cuando hay sarcasmo, o es una estrategia para terminar la discusión, o utilizamos el perdón para no tener que escuchar lo que la otra persona tiene que decir.

Pedir perdón no es hablar por hablar. Debe ser la expresión sincera de que hemos comprendido el daño que causamos, experimentamos arrepentimiento y estamos dispuestos a cambiar.

Podría ser que para los hombres sea más difícil pedir perdón que para las mujeres, porque al haber crecido en un mundo machista, se asocia a una expresión de debilidad o flaqueza. Por otro lado, pedir perdón es una forma de expresar sentimientos, y en algunos ambientes esto no es común para los hombres, o fueron entrenados para no pedir perdón.

> *Pedir perdón implica reconocer el error, arrepentirse y mostrar un cambio en la conducta.*

Para las mujeres pedir perdón podría ser más natural porque lo ven como un acto de cortesía; no es algo complicado o incómodo, excepto que la persona esté herida, resentida, amargada o bien, llena de odio. En este caso, tanto la mujer como el hombre que estén heridos tendrán la tendencia a alimentar el odio y los deseos de venganza.

Pedir perdón implica reconocer el error, arrepentirse y mostrar un cambio en la conducta. Esto es lo que le da realismo al sentimiento de pedir perdón.

Cada uno de nosotros pedimos perdón de diferente forma. Si aprendemos la manera en que nuestro cónyuge pide perdón, nos será más fácil restablecer la relación y recuperar la confianza. Podría ser que pida perdón de las siguientes formas:

- Con obsequios

- Palabras de disculpas como: "Lo siento mucho, perdón". "No debí haber dicho lo que dije, perdón" "Disculpa, te expuse ante tu familia y no está bien, lo siento mucho". "Levanté la voz, eso estuvo mal porque te ofendí, perdón." "Me siento muy mal por haberte hecho pasar un mal rato, perdón"

- Escribiendo lo que siente. Hay personas que se expresan mejor al escribir lo que sienten

- Con un detalle para agradar a su cónyuge

- Con llanto que expresa arrepentimiento

- Con actos de servicio

- Un silencio respetuoso

- Con un abrazo sincero y sentido

- Con una broma graciosa, pero respetuosa

- Solicitando que algún experto les ayude a resolver la situación. Posiblemente en el fondo lo que está diciendo es: "Necesito que alguien me ayude a ordenar mis pensamientos, porque no sé cómo decirlo bien"

Hay personas a las que les es difícil verbalizar lo que están sintiendo y buscar la forma de decir: "Lo siento mucho, perdóname". Si aprendemos a leer la forma en que nuestro cónyuge pide perdón, nos será más fácil comprender lo que nos está diciendo, en vez de exigir que la persona lo haga como yo creo que debe hacerlo.

Si creo que la otra persona debe disculparse únicamente como yo quiero, podría ser una expresión de orgullo, y esto impide una solución al problema. Es importante que me sienta libre de expresar lo que pienso, pero a la vez debo permitir que mi cónyuge pueda hacerlo también y de la forma en que sabe hacerlo mejor. No tiene que hacerlo como yo digo; solo tiene que hacerlo con sinceridad. Podría ser que tenga actos de servicio espontáneos, y lo que está diciendo es: "Perdóname, lo siento mucho".

¿Cómo pedirle a una persona que habla poco que exprese con palabras sus sentimientos? Podría ser que simplemente nos mire con humildad, y lo está diciendo todo. Por esta razón debemos esforzarnos por aprender a leer la forma en que mi cónyuge pide perdón, y tener la humildad de facilitar el reencuentro para restaurar la paz y la armonía.

¿Conoce la forma en que su cónyuge le pide perdón? Pregúntele, descúbralo y respételo. Esto nos permite resolver nuestras diferencias más rápidamente y de la mejor forma.

¿Cómo sé que he perdonado a mi cónyuge por lo que hizo? Hemos perdonado cuando recuperamos la paz, y viene la tranquilidad a nuestras vidas. No significa que todo haya cambiado, pero sabemos que estamos en camino. No lo hemos perdonado cuando hemos dejado que la amargura, el resentimiento y los deseos de venganza dominen nuestras emociones.

Elabore una lista de las cosas que cree deben hablar entre ustedes. Elija el mejor momento para hacerlo, privado y tranquilo.

Si hemos perdonado, hemos recuperado la capacidad de amar, la confianza y la relación con nuestro cónyuge. Podría ser que estemos en proceso de recuperar la confianza, pero sentimos que estamos avanzando. No podemos olvidar que el perdón es un proceso que requiere tiempo para sanar las emociones heridas.

> *Si hemos perdonado, hemos recuperado la capacidad de amar.*

Pedir perdón es mejor que justificarse, porque al hacerlo nos estamos identificando con nuestro cónyuge. No existe una fórmula universal para pedir perdón. Cada matrimonio debe descubrir cuál es la forma que es más saludable para ellos.

Al pedir perdón, estamos mostrando respeto a nuestro cónyuge. Pero si pedimos perdón y no experimentamos un cambio, la palabra va perdiendo sentido y poder, porque la otra persona sabe que es una forma de terminar la discusión, pero no tiene un efecto positivo. Sí debemos valorar los cambios por pequeños que sean, porque al pedir perdón, podríamos estar confrontando un hábito, y cambiar hábitos no es una tarea sencilla.

Antes de pedir perdón, reflexione sobre lo ocurrido, identifíquese con los sentimientos heridos de su cónyuge, y busque la forma de disculparse con sinceridad. Piense bien lo que va a decir, tome el tiempo necesario para madurar la idea. Jamás subestime a su cónyuge, ni sus sentimientos.

Pedir perdón no significa que somos malas personas con malos sentimientos. Simplemente hemos lastimado a quien amamos, y lo que estamos haciendo es restituyendo, procurando su salud emocional con identificación y una gran dosis de amor.

Ejercicio: Conozca su lenguaje del perdón

¿Cómo puede conocer el lenguaje del perdón de su pareja, y saber cuál es el suyo propio? La falta de perdón nos roba la capacidad de amar, y el perdón restituye esa capacidad y la fortalece. ¿Usted ha visto esos concursos donde le preguntan lo mismo a las parejas para ver si se conocen lo suficiente? A veces uno no recuerda lo que le gusta al otro. En algo tan importante como pedir perdón y perdonar, muchas parejas no conocen el lenguaje del perdón de su cónyuge, y apenas el de ellos mismos. Ocurre que piden perdón o perdonan a su manera, y complican la situación en vez de enmendarla. Ante la duda, pregunte a su cónyuge cómo prefiere que le pida perdón, y cómo le demuestra que fue perdonado. Dígale la misma información sobre usted. Para ayudarle, haga el siguiente ejercicio.

Busque el momento ideal para sentarse junto a su cónyuge y respondan juntos las siguientes preguntas:

1. **¿Cómo prefiere que le pida perdón? Seleccione la respuesta.**

○ a. Admitiendo el error y comprometiéndose a cambiar de conducta.

○ b. Admitiendo el error y regalando flores o chocolates.

○ c. Enviándole flores a la oficina.

○ d. Admitiendo el error y regalándole algo.

○ e. Depende de lo que haya hecho. Hay perdones más difíciles de otorgar que otros.

○ f. Improvisando una cena.

○ g. Invitándole a salir.

○ h. Sorprendiéndole con una noche romántica.

○   i.   Sorprendiéndole con algo que le haya pedido hace tiempo, y pensó que lo había olvidado.

○   j.   Estrechándole en sus brazos.

○   k.   Todas las anteriores.

○   l.   Ninguna de las anteriores (Si esta es su respuesta, escriba cómo prefiere que su cónyuge le pida perdón.)

2.   ¿Cómo usted expresa que perdonó?

○   a.   Nuestra relación regresa a la normalidad.

○   b.   Lo veo como un buen motivo y momento para conversar.

○   c.   Acepto las disculpas, lo abrazo y lo beso.

○   d.   Le doy un fuerte abrazo y continuamos hablando sobre planes presentes y futuros.

○   e.   Si no fue un incidente transcendental, no le doy importancia.

○   f.   Le digo que le perdoné y yo le pido perdón también.

○   g.   Acepto las disculpas y si es un asunto muy serio, conversamos sobre cómo evitar que suceda otra vez; aclaramos el motivo de la discrepancia.

○   h.   Le abrazo y le beso. Es una forma de decir, que ya pasó. Nuestro amor es primero.

Responder estas preguntas nos ayuda a conocernos mejor, y facilita la resolución de nuestras diferencias en el futuro. También es una buena oportunidad para dialogar sobre algún tema pendiente si estamos de acuerdo.

CAPÍTULO 14

Los pilares del amor

"Un matrimonio feliz es una larga conversación que siempre parece demasiado corta." –André Maurois

El amor romántico nace como un sentimiento. Es la atracción natural que nos permite encontrarnos en una complicidad que nos une. Pero este amor es aún inmaduro y emocional. Se llama enamoramiento y es uno de los sentimientos más hermosos que se pueden experimentar; acelera el corazón, su nombre es lo primero que viene a la mente al despertar, se sueña con ella, los encuentros están llenos de detalles, se quiere hablar con la otra persona, y se facilita todo para encontrarnos.

El enamoramiento, al ser una emoción, es fluctuante. Por esta razón, al enamoramiento hay que añadirle conocimiento mutuo, tiempo, paciencia, tolerancia, aceptación, valoración, constancia, y decisión. Es entonces cuando el amor crece a tal punto que tolera las diferencias, resuelve los desacuerdos, y deja de

Cuando la voluntad conduce al amor, este se extiende en el tiempo, crece, madura y se consolida.

depender del estado emocional para ser sostenido por la voluntad y las convicciones. Cuando la voluntad conduce al amor, este se extiende en el tiempo, crece, madura y se consolida.

El amor no se impone, no se manipula, no se exige y no se suplica. **El amor es libre, voluntario, se cultiva, se cuida, se protege y se otorga.** El amor hace grande a quien lo entrega, nunca hace nada indebido, no es egoísta, autocomplaciente o grosero. El amor nunca deja de ser. Perdona las ofensas y solo crece cuando el corazón está sano. Amarnos facilita el encuentro con la otra persona.

Analicemos algunos pilares que deben sostener el amor:

1. La conquista nunca termina.

¿Qué hace que una persona sea romántica? ¿Su naturaleza? ¿Su educación? ¿Las experiencias pasadas? Todo esto suma a la ecuación, pero alguien se convierte en una persona romántica cuando está enamorada, cuando quiere conquistar, cuando desea hacerlo y, sobre todo, cuando su corazón está sano y decide dejarse amar.

¿Podríamos todos convertirnos en personas románticas? Sí, lo comprueban las bellas historias de amor que surgen en todo el mundo. En el fondo, todos tenemos una persona romántica dentro de nosotros. Sin embargo, el amor y el romanticismo no ocurren en automático. Debe ser un ejercicio del corazón para aprender el lenguaje que expresa honor, respeto, admiración y deseos de conquista. Nunca pierda el deseo de conquistar a quien ama; es lo que guía a cuidar los detalles, servirle, atenderle y estar pendiente de lo que necesita.

¿Qué debo hacer para ser más romántico? Pregúntele a su cónyuge; es el mejor referente para hacerlo bien. A la vez, lea historias que le inspiren.

Construir un matrimonio sólido que se extienda en el tiempo y tenga la capacidad de transformar el viaje en una aventura emocionante, requiere mucho trabajo y una clara comprensión de lo que es el amor.

Un esposo dijo:

"No cuento con una esposa que crea en mí; ella me menosprecia, me humilla, he perdido la confianza y la seguridad que tenía. Me miro a mí mismo y dudo de que ella sea la persona correcta para hacer crecer algo positivo en mí. No comprendo qué nos pasó, no era así al principio. Es como si algo dentro de nosotros se hubiese muerto y surgió lo malo, lo que nos lastima y nos distancia. Me pregunto si fue algo que no vi, algo que hice, o ella siempre fue así y ahora se manifiesta la verdad. Muchas veces lloro en silencio, pero la amo y quiero continuar hasta el final. Quisiera recuperar a la mujer apacible, cariñosa y tierna con la que me casé".

Este es el clamor silencioso de muchos que sueñan con ser admirados por la persona que han decidido amar. Pero la rutina y la costumbre, la cercanía y el tiempo nos llevan a descuidar lo trascendental en toda relación de pareja: el respeto, la admiración mutua y las expresiones de afecto.

Otro marido expresó: "¿Para qué le voy a decir que la amo, si ella ya lo sabe?". Esta no es una expresión que existe en una relación que procura conquistar. Es producto de una convivencia que se convirtió en rutina, la cual poco a poco fue matando los detalles fundamentales que un día les unió. **El primer gran fundamento del amor es reconocer que la conquista nunca debe terminar en el matrimonio.** La conquista es la habilidad de cuidar los detalles, hacer lo que sea por agradar

La conquista es la habilidad de cuidar los detalles, hacer lo que sea por agradar a la otra persona. Tiene como consecuencia que el amor crece, se fortalece, y mantiene viva la ilusión entre ambos.

a la otra persona. Tiene como consecuencia que el amor crece, se fortalece, y mantiene viva la ilusión entre ambos.

Todos los matrimonios tienen momentos difíciles en los que se piensa que no deberían haberse casado. Eso no significa que sea cierto; solamente se está pasando un momento de dificultad. Es necesario superar los momentos difíciles, no tomar decisiones en medio del desánimo, y comprender que este sentimiento pronto pasará. Todos tenemos la capacidad de amar y de dejarnos amar. El secreto es volverlo a intentar para restablecer la conexión.

Para convertir el matrimonio en una aventura emocionante, debemos comenzar con nosotros mismos. A menos que nosotros nos transformemos en personas alegres, llenas de paz, agradables y con las que sea grato vivir, será difícil construir un matrimonio emocionante. Esta actitud invita a que la otra persona desee lo mismo.

Cuando cambiamos esa manera de pensar y de actuar desde nuestro interior, algo sucede: apreciamos los pequeños detalles como ver el atardecer y reír. Eso hace que pasar juntos y tomarnos de la mano sea una experiencia gratificante y, de paso, anhelada. Un regalo sorpresa, una caricia inesperada, un beso apasionado, tener un espíritu de colaboración y apartar tiempo para amarnos, solo surge de un corazón que decidió amar y ser un romántico el resto de la vida.

2. Las crisis son para superarse.

Todas las relaciones tienen crisis porque somos seres humanos con emociones, sensibles, con costumbres diferentes, y con formas distintas de ver la vida. Somos hombres y mujeres tratando de convivir. Muchas veces sentimos que nosotros tenemos la razón y el otro está equivocado.

Las crisis pueden producir desilusión, distanciamiento, dolor, resentimiento, enojo y frustración. Por eso toda crisis es una oportunidad para crecer, un obstáculo por superar, una ocasión para dar lo mejor de nosotros, y el mejor motivo para reafirmar el amor.

Cuando se experimenta una crisis, el perdón nos puede acercar, pero requiere una palabra de disculpa, humildad, y la disposición a rencontrarnos. Bien se ha dicho que no hay amor más profundo que el que se expresa luego de una crisis, porque la reconciliación nos acerca y nos invita a continuar juntos.

Construir un matrimonio emocionante donde disfrutamos ser los mejores amigos no es cuestión de suerte, sino de esfuerzo, perseverancia y la habilidad de cuidar los detalles.

¿Por qué se producen tantas rupturas en los matrimonios? Porque creemos que el amor en el matrimonio crece solo, y eso está lejos de la verdad. El matrimonio requiere compromiso y dedicación. El matrimonio es el punto de partida para construir juntos un proyecto donde la amistad y el respeto son indispensables.

Al matrimonio no lo sostienen las emociones, porque estas son fluctuantes. Lo sostiene la convicción de que elegimos a la persona correcta y a la que decidimos amar, por las razones correctas y positivas. Decidimos casarnos para convertir el recorrido en una aventura emocionante y divertida. Debemos cultivar un matrimonio con perspectiva de futuro.

> *El matrimonio es el punto de partida para construir juntos un proyecto donde la amistad y el respeto son indispensables.*

En los últimos veinte años, los divorcios han aumentado. Principalmente en la última década, los divorcios de matrimonios que llevan menos de cinco años han alcanzado un promedio cercano al 20%. La falta de compromiso hacia las relaciones de pareja ha sido crucial, porque el compromiso es lo que nos permite superar las crisis. En el pasado, ante un problema, se buscaba una solución. Hoy, ante una dificultad, pareciera que todo ha terminado. Claro que hay relaciones y situaciones en las que verdaderamente debe buscarse ayuda profesional si se desea seguir con la relación conyugal.

¿Cómo detectamos las áreas de conflicto en el matrimonio? Los conflictos en el matrimonio son normales. Provienen de las diferencias de criterio, expectativas no cumplidas, mala comunicación, temas sin resolver, reacciones incorrectas, palabras que lastiman, no estar de acuerdo en la disciplina de los hijos, la falta de cooperación, la irresponsabilidad, cuentas pendientes, y todo aquello que genere tensión en el matrimonio. Pero los conflictos se convierten en problemas serios cuando nos irrespetamos con gritos, maltrato físico o verbal, anulamos a la otra persona, y castigamos con el silencio. Si nos sentimos heridos, distantes, con temor, agredimos, o estamos lastimando a quien decimos amar, estamos frente a un conflicto que debemos enfrentar con humildad y valentía.

El secreto es transformar la vida matrimonial en un recorrido que sea agradable vivir, y con la disposición de superar todas esas barreras que tienden a separarnos.

Hay varios momentos en la vida matrimonial que provocan conflictos en la pareja. En este período, las personas se vuelven individualistas y egoístas. Se subestima la estabilidad que ofrece el matrimonio, y se olvidan los buenos momentos que han vivido juntos. El secreto es transformar la vida matrimonial en un recorrido que sea agradable vivir, y con la disposición de superar todas esas barreras que tienden a separarnos.

Detectar nuestras áreas de conflicto es crucial. Sobre todo, debemos atenderlas para que no crezcan. Decidamos hablar siempre la verdad, expresar lo que sentimos, no acumular enojo, y buscar una solución. Cambiar un patrón de conducta no es fácil. Por eso no podemos pensar que superando una crisis todo terminó; simplemente aprendimos cómo hacerlo mejor la próxima vez.

Gran parte de los estudios sobre la vida en sociedad demuestran que una necesidad fundamental de todo ser humano es sentirse amado y vivir en un entorno que le provea seguridad. Todos necesitamos sentirnos protegidos y cuidados por nuestra familia. La seguridad la provee la certeza de que estamos viviendo una relación estable y fundamentada en el compromiso.

Saber que tenemos una familia que nos da sentido de pertenencia, nos protege y nos cuida, otorga más felicidad que cualquier otra cosa. Sean jóvenes o personas adultas mayores, ganen mucho dinero o tengan poco, nada da más felicidad que tener un matrimonio estable y saludable. Algunas investigaciones aseguran que las personas casadas se suicidan menos, y tienen un cincuenta por ciento menos de depresión. Esto demuestra lo importante que es el matrimonio.

> *Nada da más felicidad que tener un matrimonio estable y saludable.*

3. Hablemos.

Hablemos, simplemente hablemos, de temas personales, cómo nos sentimos, qué nos gusta y qué no. Comuniquemos. Intentemos comprender lo que nos está diciendo nuestra pareja. Tengamos identificación con lo que expresa. Si tenemos una comunicación efectiva, crecemos como personas y fortalecemos la relación.

Es cuando hablamos que se genera el escenario para comprender a la otra persona. Al dialogar facilitamos los acuerdos, y podemos decidir los temas importantes de la familia. Elijan un lugar de la casa para dialogar; privado, ameno, agradable y que les invite a estar. Elijan la bebida favorita de cada uno, y convirtamos este momento en un tiempo agradable entre los dos.

Para comunicarnos abiertamente necesitamos un alto grado de sinceridad. Esto implica hablar con la verdad, pero sin lastimar. La sinceridad está acompañada de respeto, y para lograrlo necesitamos "enfriar" nuestras emociones, interpretarlas correctamente y aclarar el pensamiento. Cuando lo hemos logrado, debemos elegir el lugar correcto y las palabras adecuadas. A Helen y a mí, nos gusta luego de almorzar sentarnos en la terraza para seguir hablando. Helen toma un té y yo un café. Es de mis momentos favoritos. El jardín es agradable, la brisa corre, y es el mejor momento para hablar de temas importantes, ponernos al día, o simplemente comentar algún tema interesante. En Argentina, Uruguay y Paraguay las familias tienen una tradición que todos debemos tener. Al declinar el día se sientan a tomar Yerba Mate; es un momento donde las familias se encuentran y charlan. Este tiempo es extraordinario, se habla de todo, se comentan las noticias y los matrimonios están juntos. Por eso creo que todo matrimonio debe tener tradiciones que les permitan fortalecer su diálogo; momentos casuales simplemente para conversar.

> *Inspire confianza, no juzgue, y mucho menos critique cuando su cónyuge le cuenta sus cosas.*

También, la sinceridad debe estar acompañada de paciencia para que la otra persona sienta la confianza de expresarse con libertad y sin temor. Por lo tanto, implica generar el espacio para que mi cónyuge pueda interpretar lo conversado, regular sus emociones, y tenga el tiempo suficiente para aclarar sus ideas.

Para experimentar una comunicación que nos acerque, necesitamos tener confianza entre nosotros. ¿De qué sirve hablar si no tenemos confianza? Lo contrario a la confianza es la duda, el temor y la sospecha. Por eso debemos tener una fuerte confianza como plataforma para construir una relación fuerte y agradable.

Una buena comunicación no solo debe contener una afectuosa disposición para hablar y escuchar, sino además debe partir de una disposición de lograr una agradable convivencia. La comunicación y el diálogo son muy importantes, pero el esfuerzo debe partir primero de una transformación interior que posibilite un corazón sano y abierto. Decida convertirse en alguien con quien es agradable conversar. Inspire confianza, no juzgue, y mucho menos critique cuando su cónyuge le cuenta sus cosas.

4. Aprecie las virtudes.

Detengámonos para apreciar, admirar y halagar a nuestro cónyuge en toda su integralidad. Valore y elogie su forma de ser, su trabajo y su dedicación a la familia; sus cualidades intelectuales, emocionales y físicas, todas ellas en su belleza integral. Cuando somos capaces de ver al otro como la persona que solo merece nuestro halago y admiración, las cosas cambian. Entonces, y solo entonces, somos capaces de sostener una relación saludable, y tener un ambiente placentero en el hogar. Cuando somos capaces de concentrarnos en descubrir al ser que amamos, estamos listos para exteriorizar eso que sentimos.

5. Recuerde los buenos momentos.

Recordemos los buenos momentos que hemos pasado juntos. Recordar cuando nos conocimos, cuando nos hicimos novios y esos momentos especiales, hace que anhelemos vivir nuevamente los recuerdos más hermosos de nuestra relación. El amor lo alimentan la ilusión, los recuerdos y una buena actitud. No menosprecie el valor de los recuerdos. Hace poco tiempo, leí un artículo de mi buen amigo Xavier Cornejo que decía así: "Los regalos se gastan y se olvidan, pero los recuerdos crecen y se avivan". ¡Qué gran verdad hay en estas palabras para describir la importancia de sembrar buenos recuerdos para cosechar buenos momentos!

6. Vuelvan a conectarse.

Volvamos a conectarnos con nuestro cónyuge. Nos acercamos a la persona amada cuando somos conscientes de que esta relación es un vínculo con destino, que tiene un mañana y un futuro agradable. Volvamos a ilusionarnos con el proyecto que nos une. Respetemos y otorguemos un lugar de importancia a quien amamos.

Realicemos proyectos juntos. Los desafíos nos ayudan a integrar fuerza, inteligencia y creatividad, y nos dan la posibilidad de vivir momentos inolvidables. Los retos nos vuelven a conectar.

7. Respeto y admiración

> *La admiración genera respeto; el respeto, aceptación; la aceptación, comprensión; y la comprensión, una agradable convivencia.*

Si sabemos vivir con la actitud correcta tendremos los mejores resultados. La admiración genera respeto; el respeto, aceptación; la aceptación, comprensión; y la comprensión, una agradable convivencia. Insista en admirar, determine respetar al hablar, enfríe sus emociones, acepte a su cónyuge, y otorgue una nueva oportunidad a la relación.

El respeto es la capacidad de discutir sin herirnos, diferir sin subestimarnos, y saber que podemos expresar nuestros pensamientos sin temor y con libertad.

La vida es para ser compartida con los que amamos. Decida soñar, reír y caminar con los suyos. Por otro lado, también se deben respetar nuestras individualidades. Cuando reconocemos que somos diferentes y que tenemos intereses particulares, hay acercamiento. El respeto a la individualidad es fundamental para acercarnos confiadamente; es lo que nos otorga la confianza necesaria para aproximarse y disfrutar su compañía.

Si nos respetamos emocional y físicamente, establecemos las bases para tener una convivencia agradable y una relación sana. Respetar es generar el espacio para que el cónyuge sea como es y que no se sienta intimidado o reprimido.

La admiración nos guía al respeto, el respeto a la confianza, y la confianza a la sinceridad. Es lo que nos acerca y nos mantiene enamorados.

8. Convirtámonos en los mejores amigos.

Divertirnos juntos nos permite disfrutar la compañía de la persona amada. Es tiempo de complacernos mutuamente en aquello que nos gusta. La meta es pasar juntos un buen tiempo. Hagan planes juntos y ejecuten lo acordado. Esto los acerca.

Cuando el amor es mayor que las riquezas temporales, que el trabajo o los compañeros, sabemos que nuestra relación es para toda la vida.

Tenga buen humor, uno que dignifica a la persona amada. Eliminemos el humor lleno de sarcasmo y menosprecio. Es bueno vivir con alguien que sea agradable y equilibrado. Por eso hay que aprender a divertirse como pareja, encontrando las formas, momentos y lugares que ambos disfruten y les hagan sentir bien.

Dialoguen, expresen lo que sienten y piensan. Sostengan un diálogo inteligente que aborde temas de interés para ambos.

Estime a quien ama; cuando el amor es mayor que las riquezas temporales, que el trabajo o los compañeros, sabemos que nuestra relación es para toda la vida.

9. Exprese afecto.

El contacto físico es fundamental en la pareja, y el cariño espontáneo es insustituible; expresan aceptación, ánimo, fortaleza, bajan los niveles de ansiedad y acrecientan la confianza. Se ha dicho que se necesitan por lo menos doce abrazos al día para estar en buena condición emocional. Dicen que hay abrazos que consuelan, los que calman el espíritu y los que se recuerdan por siempre. Los abrazos deben ser espontáneos y bien recibidos. Un abrazo dice más que mil palabras; no deje de hacerlo.

10. Comprométase hasta el final.

El amor no es solo algo que sucede; es algo que se decide. Las emociones vienen y van, pero el compromiso nos garantiza que este amor nunca dejará de ser.

El compromiso nos permite saber que estamos unidos en las buenas y en las malas, en la salud y en la enfermedad, en la riqueza y en la pobreza. **El compromiso es el fundamento que sostiene el amor porque provee la seguridad y estabilidad necesarias para la convivencia.**

El saber que nuestro amor prevalece sobre los altibajos de las emociones da mucha seguridad. El amor y el compromiso van de la mano. Así como el compromiso es resultado de una decisión, también lo es el amor. El amor no es solo algo que sucede; es algo que se decide. Las emociones vienen y van, pero el compromiso nos garantiza que este amor nunca dejará de ser.

11. Sea agradecido y solidario.

Practicar la solidaridad es compartir responsabilidades y complementarnos en ellas. La solidaridad genera identificación, cercanía, apoyo y cooperación. Nos acercamos cuando sabemos que dos pueden más que uno, y reconocemos que nos necesitamos mutuamente.

Seamos agradecidos el uno con el otro. Nos acercamos cuando valoramos el esfuerzo del otro y lo expresamos. El agradecimiento valora el gesto amable y convierte en agradable la convivencia.

Disculpe los errores. Nosotros también los cometemos y nuestro cónyuge tiene paciencia con nosotros.

Pensar en los beneficios que nos trae la cercanía con la persona amada proporciona seguridad, y nos invita a realizar planes, nos acerca y nos invita a vivir la aventura del amor. Para lograrlo necesitamos la voluntad de ambos; no es tarea de uno **solo. El amor es el arte de caminar juntos en una misma dirección.**

12. Somos diferentes.

Los hombres y las mujeres somos diferentes, y comprenderlo es fundamental para una relación saludable. Muchas investigaciones nos han demostrado que las mujeres tienen una estructura y un funcionamiento cerebral diferentes a los del hombre. Esto permite que las mujeres sean capaces de manejar varias cosas al mismo tiempo, y el hombre se concentre en una a la vez. Por esta razón muchos matrimonios terminan enojados. Ella quiere que le ayuden en algo que debe terminar, y él está metido en el partido de su equipo favorito. Ella le solicita su ayuda y él simplemente dice: "En un momento lo hago". Al final del partido ella pregunta si lo hizo, y él no sabe de qué está hablando. Aquí surge el sentimiento de menosprecio y dolor, acompañado de enojo y frustración. No pasa nada malo; simplemente somos diferentes.

Los hombres buscan soluciones; las mujeres buscan ser escuchadas.

Estas investigaciones que confirman que el cerebro del hombre y el de la mujer son diferentes es lo que nos hace reaccionar distinto ante una misma situación. Cuando ella cuenta algo que le pasa a su mamá, solo quiere ser escuchada; él se pone a dar consejos para solucionar lo que pasa. Ella le mira con extrañeza porque no le está pidiendo un consejo, solo le está contando. Los hombres buscan soluciones; las mujeres buscan ser escuchadas. Ante esta realidad, debemos comprender que así somos los dos, y no pasa nada.

Las mujeres son multilaterales, es decir, pueden estar haciendo varias cosas a la misma vez. Los hombres, para atender otra cosa, necesitan desenfocarse de lo que están haciendo para poner atención a lo otro. Por esta razón cuando le hable a un hombre, asegúrese de que tiene su total atención y aún así, repita las cosas. Esto nos convierte en complemento, pero será muchas veces razón de disgusto.

Todas las personas somos diferentes y, por supuesto, los hombres y las mujeres poseen características que los hacen diferentes y complementarios. Lo más importante es saber que el amor los une.

13. El amor es una decisión.

Si deseamos sentir las emociones más intensas inspiradas por el amor, debemos demostrarlo con acciones que nos acerquen y nos dignifiquen. El amor no es solo un sentimiento, sino que implica decisión, y este ejercicio de voluntad es lo que nos conduce a recuperar y mantener los sentimientos más hermosos que se puedan experimentar.

El romanticismo y el enamoramiento como emociones son propios de la etapa de la conquista y, para mantenerlos en el matrimonio, debemos decidir amar con acciones concretas. Para que prevalezca el enamoramiento que un día fue natural en la época de la conquista y del noviazgo, debemos mantener el interés, la dedicación y el deseo de cautivar la relación.

> *El amor es carácter más que sentimiento, voluntad más que emoción.*

El amor lo alimentan los detalles, la voluntad, las buenas intenciones, y comprender que fue Dios el que nos unió y no la casualidad. Cuando decidimos amar, escribimos historias maravillosas, y dejamos un gran legado a la humanidad.

Tal y como lo describe Pablo, el amor es carácter más que sentimiento, voluntad más que emoción.

"Si hablo en lenguas humanas y angelicales, pero no tengo amor, no soy más que un metal que resuena o un platillo que hace ruido. Si tengo el don de profecía y entiendo todos los misterios y poseo todo conocimiento, y si tengo una fe que logra trasladar montañas, pero me falta el amor, no soy nada. Si reparto entre los pobres todo lo que poseo, y si entrego mi cuerpo para que lo consuman las llamas, pero no tengo amor, nada gano con eso. El amor es paciente, es bondadoso. El amor no es envidioso ni jactancioso ni orgulloso. No se comporta con rudeza, no es egoísta, no se enoja fácilmente, no guarda rencor. El amor no se deleita en la maldad sino que se regocija con la verdad. Todo lo disculpa, todo lo cree, todo lo espera, todo lo soporta" (1 Corintios 13: 1-7).

Este tipo de amor nunca deja de ser, crece con el tiempo, perdona los errores y persevera. No es algo que podemos producir en nuestras fuerzas; es fruto del Espíritu de Dios en nuestras vidas. Solo lo logran los que rinden sus vidas a Dios.

Es hermoso casarse enamorado, pero muchos con el tiempo pierden el fuego de los sentimientos, eso que les hace sentir bien, o peor aún, comienzan a sentir lo opuesto y súbitamente podrían comenzar a sentir algo por otra persona.

Hemos escuchado frases como: "Ahora solo somos como dos buenos hermanos". "Ya no siento lo mismo." "Una amiga me ha hecho sentir lo que dejé de sentir por mi esposa hace años". "Mi esposo ya no es cariñoso y en el gimnasio alguien me ha hecho sentir atractiva, bonita, y ahora cada día siento deseos de verle." Es fácil confundirse cuando los sentimientos se ausentan, los conflictos crecen y llega la decepción. Es aquí donde algunos desisten, se rinden y creen que todo terminó, en lugar de comprender que es una crisis por superar. A la vez creen que eso significa que ahora hay que buscar a alguien que nos haga sentir, hasta que, dejando la vieja relación, iniciamos una nueva. Esa nueva relación, a su tiempo perderá la magia de la conquista y caerá en monotonía de la rutina. Es aquí donde necesitaremos una nueva aventura. Como lo confesó un caballero de unos 38 años: "He estado con 380 mujeres".

El comentario vino debido a una conferencia que yo impartía y hablé del "depredador sexual", que anda en busca de "mendigos emocionales", personas que andan con un rótulo invisible que dice: "¿Podría alguien amarme, por favor?". Ellas son presa fácil para el "depredador sexual", quien es un experto en conquistar, poseer, y luego abandonar. Dice las palabras más bellas, hace sentir de la mejor forma, y luego de conquistar y poseer, desecha, porque no tiene un genuino interés en la otra persona. Es simplemente un experto conquistador. Esto mismo ocurre con las mujeres hoy, que viviendo una insatisfacción emocional salen de cacería para sentir emociones que se parecen al amor.

La trampa de las emociones

Quien cae en la trampa de vivir el amor a partir de las emociones, tendrá relaciones inestables, dejará corazones rotos, y experimentará un vacío que no podrá llenar nunca porque el amor está muy lejos de esta interpretación.

El amor...

+ **Tiene el compromiso de ser fiel a la otra persona.**

+ **Implica perseverancia en hacer surgir el sentimiento cuando este se disipa.**

+ **Comprende que las emociones no conducen el amor.**

+ **Lo alimentan nuestras convicciones y la voluntad de volver a conquistar a quien amo.**

+ **Lo sostiene la voluntad; la decisión que un día tomamos de amar hasta el final.**

No es fácil, pero sí maravilloso ver que con el paso del tiempo tenemos relaciones estables, fundamentadas en la confianza y la cercanía. Esa decisión debemos tomarla cada día, principalmente cuando el sentimiento desaparece, estamos enojados, decepcionados, o alguien más nos atrae.

El compromiso es con Dios, conmigo mismo, con mi cónyuge y con mis hijos. No podemos perder de vista que nacimos para vivir en comunidad; para el beneficio de los que amas, de los que un día existieron y nos dejaron un legado, los que hoy nos acompañan en la aventura, y los que un día se levantan sobre la construcción que hoy hacemos para ellos. Ellos llevan nuestro apellido y el legado que les dejamos como recurso para construir su propia historia. Por eso, nuestras convicciones deben ser más fuertes que nuestros sentimientos. Es lo que nos permite ser leales en medio de las circunstancias difíciles, y ser comprensivos en medio de las diferencias.

Ser comprensivo, detallista y escuchar muchas veces no es fácil y no nace solo, pero se toma la decisión de hacerlo por amor. No significa que todo el tiempo es así, pero hay momentos en los que debemos hacer lo correcto por convicción, y no por reacción. Todo inicia con la emoción del enamoramiento, lo que nos lleva a la admiración, el respeto, el afecto y al deseo de compartir todo con la otra persona. Pero al llegar la rutina, las responsabilidades y el paso del tiempo nos llevan a enfrentar diferentes situaciones.

> *Hay momentos en los que debemos hacer lo correcto por convicción, y no por reacción.*

Eso nos conduce a descuidar lo importante, y damos paso al grito, al menosprecio y a dejar de admirar, porque nos concentramos en los errores y ya no en las cualidades. Es en estos momentos difíciles donde nuestra decisión de amar debe ser más fuerte que los sentimientos. Es esta firmeza lo que aviva el fuego romántico, el deseo de conquista y la determinación de continuar edificando la relación. En medio de las emociones que suben y bajan, tenemos que decidir amar en lugar de desistir. Es lo que nos permite fortalecer la relación y afirmar la convivencia.

Decidir amar a alguien es lo más maravilloso que pueda existir sobre la tierra. Es la decisión que toman los padres al recibir en sus brazos al niño que recién nace. Será amado incondicionalmente porque nos necesita para todo. Esto genera un vínculo fuerte y difícil de romper. Esto significa que el nivel de amor crece a partir de que decidimos sacrificarnos por la persona que amamos. Sin sacrificio, el amor muere lentamente y es movido por los vientos de las dificultades y la desilusión.

Hemos decidido amar a una persona imperfecta, con cambios emocionales, distinta a nosotros, con gustos diferentes y reacciones muchas veces no comprendidas. Por eso es que el amor lo sostiene la voluntad y no las emociones. Nos hemos casado con alguien imperfecto como nosotros, y eso establece un reto en ambas direcciones. Pero a la vez nos invita a comprender que mientras amamos, la otra persona tiene que hacer lo mismo con nosotros.

Las emociones son inconstantes, cambiantes y extremas en algunos momentos; por eso no pueden ser el fundamento del amor en el matrimonio. La voluntad es firme, constante y es más lógica que las emociones. La voluntad es sostenida por las convicciones, la decisión, y es lo que proporciona seguridad a la relación. Es aquí donde encontramos la fuerza necesaria para continuar amando y comprender que la tormenta pasará pronto.

El amor bien comprendido es lo que nos permite soportar las tormentas de la vida juntos, recordando que pronto llegaremos a la tranquilidad del puerto donde estaremos serenos y la paz surgirá de nuevo. Solo son tormentas emocionales que pasan. Es como el amor paciente del anciano que atiende a su esposa que ya no lo reconoce, y ante la insistencia de los hijos de que lo haga otra persona en nombre de que la madre ya no reconoce al padre, él responde:

"Aunque ella no sepa quién soy yo, yo sí sé muy bien quién es ella: la que estuvo conmigo el día que perdí el trabajo, la que me cuidó muchas veces cuando caía enfermo. Pero sobre todo, la que perdonó mi error hace más de veinte años. ¿Cómo no amarla si es mi mejor amiga, mi amante y mi compañera de viaje? No podría abandonarla hoy cuando más me necesita. La amo y eso no puedo ignorarlo, y nadie me lo puede arrancar".

El amor no es fácil y no ocurre de repente. El amor es construcción extendida en el tiempo, y solo lo experimentan los que perseveran en medio de las tormentas y diferencias. Es el perdón y la reconciliación lo que nos permite ver llegar a los nietos llegar y decirnos: "Abuelo, te amo hasta el cielo".

Todos debemos decidir continuar enamorados porque nadie se enamora por casualidad. Nos enamoramos para disfrutarlo, y deseamos que se extienda en el tiempo. Ambos debemos comprometernos a amar porque va a requerir trabajo, dedicación y esfuerzo. Será la aventura más emocionante que hayamos experimentado.

> *El amor es construcción extendida en el tiempo, y solo lo experimentan los que perseveran en medio de las tormentas y diferencias.*

14. Ámele como es.

Si le ama, no trate de cambiarlo; simplemente ámelo como es. Es lo que le guiará a amar más allá de la apariencia y de lo externo. El amor nos guía a lo íntimo, a lo personal, y permite que el amor crezca. Es lo que hace que el amor sea más fuerte conforme pasa el tiempo, y más bello que al principio. Pero requiere deseo de conocerle y aceptarle tal cual es.

El auto avanzaba rápidamente y su esposa al lado conversaba con él amenamente. Él adelantaba otros autos en medio de condiciones difíciles, y también intentaba no caer en los baches. Nunca, pero nunca ella dijo algo por la forma en la que él conducía. Para mí, eso era impresionante, porque la constante en todo matrimonio es la queja por la forma en que él conduce. Pregunté cómo fue que lo lograron, y ella respondió: "Simplemente lo amo, lo acompaño y lo respaldo. Por eso nunca le digo cómo conducir el auto. Él sabe cómo hacerlo y lo hace muy bien. Mi misión es hablar con él para que no se duerma". Luego rió graciosamente. Quedé sorprendido porque pocas veces he visto tal nivel de admiración como el que tienen mis amigos. No se critican, se respaldan en todo, y quieren estar juntos. ¿Son perfectos? No lo son, pero esas imperfecciones no tienen fuerza ante el amor que se tienen. Su admiración es mayor que los errores del camino.

En el matrimonio nunca terminamos de conocernos. Pueden haber pasado veinte años y aún nos seguimos sorprendiendo. El amor es lo que nos guía a no dejar de sorprendernos por los detalles que admiramos en la persona que amamos. El amor no depende de la cara bonita o los músculos prominentes. Al amor lo sostienen la solidaridad, la comprensión, el afecto y la aceptación total.

15. Haga que el amor crezca.

Hacer crecer el amor es un reto constante porque las emociones pueden traicionarnos, haciéndonos creer que el amor desapareció al enfrentar una crisis o una desilusión. Pero cuando comprendemos que las crisis son para superarse y que el amor es más fuerte luego de que lo intentemos, lucharemos por hacerlo crecer. Y ese es el amor que no solo sana el alma herida, sino también despierta sueños que se encontraban dormidos dentro de nosotros.

> *El amor es lo que nos guía a no dejar de sorprendernos por los detalles que admiramos en la persona que amamos.*

Capítulo 15

¿Cómo vamos en el matrimonio?

"Hablar con gentileza es una habilidad que todo matrimonio debe desarrollar. Nos vamos a decepcionar, pero eso no impide que nos comuniquemos con amabilidad".

El matrimonio va bien cuando hemos pasado de la idealización a la realidad, porque amar significa aceptar a la otra persona tal cual es. Es proponerme sacar de ella lo mejor. Es una decisión que se sostiene en el tiempo. Es un romance que se cuida con detalles.

El matrimonio es la expresión libre y voluntaria de una pareja que luego de haber disfrutado una buena amistad, y un noviazgo que les ayudó a definir su destino, deciden unirse para construir una nueva familia. Esto implica:

Dejar atrás las costumbres del hogar de origen y definir las nuestras

Establecer metas propias

Tomar las decisiones en consenso

Dejar de idealizarnos para aceptarnos tal cual somos

> *El matrimonio va bien cuando hemos pasado de la idealización a la realidad, porque amar significa aceptar a la otra persona tal cual es.*

Definir los valores sobre los cuales vamos a edificar la nueva familia

Al contraer matrimonio, las personas vienen con costumbres, ilusiones, expectativas, deseos, frustraciones, modelos aprendidos y sueños por realizar.

Lo primero que debemos contestar ante la pregunta de cómo saber si vamos bien en el matrimonio es qué significa, y qué **no** significa el matrimonio.

Matrimonio no significa:

1. Ausencia de problemas
2. Ausencia de diferencias
3. Ausencia de desilusiones
4. Ausencia de dolor
5. Un estado de perfección
6. Un estado de alegría constante

Matrimonio es:

1. Construir una nueva cultura, la nuestra
2. Aceptación, adaptación, valoración, realización y superación individual y familiar
3. Expresiones de afecto
4. Metas comunes e individuales
5. Tolerancia
6. Consolidación de la nueva familia

¿Cómo sé que vamos mal?

Cuando:

1. El temor y el irrespeto gobiernan la relación.
2. Las familias de origen gobiernan a la distancia nuestro matrimonio.
3. Impongo mi criterio.
4. Soy totalmente dependiente de la otra persona.
5. He perdido mi propia identidad.
6. Faltan el reconocimiento y la gratitud.
7. Idealizo a mi pareja.
8. Tengo altos niveles de frustración.
9. Hay infidelidad.
10. Hay celos y mucha inseguridad en la relación.
11. Hay falta de perdón.

El matrimonio es la construcción de una relación donde las personas se saben libres, respetadas, respaldadas, animadas, aceptadas, valoradas y amadas.

¿Cómo sé que vamos bien en el matrimonio?

Este es un momento muy importante en su lectura. Los diecisiete temas que leerán a continuación les ayudarán a hacer un balance de cómo va su matrimonio. Les invitamos a marcar los temas que les aplican, y a pensar en aquellos donde tienen dudas. Al terminar, ¡celebren todo lo que significa que su matrimonio va bien! y decidan que con amor, compromiso y decisión, muy pronto volverán al libro a marcar todos los temas que no marquen hoy, y hasta agregar a la lista. El matrimonio es crecer juntos en la misma dirección y es el mejor lugar para crecer. Siempre es tiempo de amar y renovar el matrimonio. ¡Adelante!

Comprendemos el matrimonio como un proceso.

O ✦   Respetamos la individualidad de cada uno. Esto implica que debe mantenerse un equilibrio entre la unión y la individualidad.

O ✦   Generamos el espacio necesario para la realización individual.

O ✦   Nos sabemos amados y valorados.

O ✦   Hemos aprendido a resolver nuestras diferencias, y a comunicarnos con respeto y consideración.

O ✦   Nos amamos sin depender.

O ✦   Somos capaces de realizar proyectos juntos.

O ✦   Somos amigos: amistad que se inspira y se desarrolla a partir de la confianza, del tiempo compartido y del deseo sincero de estar juntos.

O ✦   Estamos alcanzando realización familiar y personal.

O ✦   No le temo, ni me teme.

O ✦   Hemos aprendido a administrar las finanzas.

O ✦   Tomamos las decisiones en consenso.

○ ✦ Me siento libre de decir lo que siento y lo que pienso, y genero el espacio para que mi cónyuge lo haga también.

○ ✦ Hemos logrado la independencia de nuestras familias de origen.

○ ✦ Hemos aprendido a fundamentar el matrimonio en una convicción más que en un sentimiento. Nos gusta sabernos juntos en las buenas y en las malas, en salud o en enfermedad.

○ ✦ Nuestro amor, no solo ha sanado nuestras heridas. Nos va despertando sueños que estaban dormidos, y crece más, mientras nos apoyamos para realizar nuestros sueños.

Consejos para hacer prevalecer el amor a través de los años:

- El amor crece cuando soy consciente de que nacimos para ser amados y para amar. Nacimos para vivir en comunidad y nos necesitamos mutuamente. Este es el principal escenario que nos indica que necesitamos hacer crecer el amor.

- Aunque le decepcionen, no deje de amar. Vamos a decepcionar y nos van a decepcionar, pero son más las virtudes que los defectos, y es una oportunidad para crecer y acercarnos más. Insistir en amar trae mayor bienestar físico y emocional.

- Hable siempre bien de su cónyuge. Eso nos acerca.

- Para hacer crecer el amor, necesitamos ser tolerantes. La intolerancia y la impaciencia matan al amor, y parece que hoy nos hemos vuelto muy intolerantes y no soportamos las tensiones. Olvidamos que la cercanía hace que enfrentemos diferencias y vivamos desacuerdos.

- Ponga a su cónyuge en primer lugar, aun sobre sus amigos, el trabajo y cualquier otra prioridad. Esto nos acerca más de lo que imaginamos y nos guía al respeto, pero sobre todo, expresa honra.

♦ Como matrimonio somos equipo. Esto implica que las decisiones las tomamos en consenso, nos respetamos mutuamente, y aprendemos a apreciar las fortalezas de nuestro cónyuge.

♦ Separen tiempo para tener relaciones sexuales significativas, donde el tiempo es de ustedes dos, la música es romántica, avanzan lentamente, los recuerdos vienen, las caricias crecen, la palabra suave nos guía, y la pasión se enciende.

• • • • •

El matrimonio va bien cuando hemos pasado de la idealización a la realidad, porque amar significa aceptar a la otra persona tal cual es. Es proponerme sacar de ella lo mejor. Es una decisión que se sostiene en el tiempo. Es un romance que se cuida con detalles. Matrimonio es un proceso de aprendizaje; es aprender a crecer juntos.

Apéndice

Frases para compartir en las redes sociales

• • • • •

En los momentos difíciles, no abandone el barco. Baje la intensidad de las emociones, respire profundo, y valore todo el camino que han recorrido juntos.

• • • • •

La sinceridad está ligada a la habilidad de expresar con respeto lo que pensamos y sentimos.

• • • • •

El perdón libera el corazón de la prisión del resentimiento, lo cual abre la puerta hacia la estación de la paz.

• • • • •

Cuando uno de los dos gana, ambos pierden, porque no se trata de competir, sino de complementarse, amarse y ayudarse mutuamente.

• • • • •

El amor no significa perfección; significa admiración, respeto, tolerancia, aceptación, comprensión y, por lo tanto, es una relación que se extiende en el tiempo.

• • • • •

La convivencia es un reto cotidiano que requiere un alto nivel de tolerancia.

⬤ ⬤ ⬤ ⬤ ⬤

El pedir perdón y otorgarlo debe ser parte de la dinámica familiar diaria.

⬤ ⬤ ⬤ ⬤ ⬤

El perdón es el puente que facilita el diálogo, recupera la confianza y fortalece la relación.

⬤ ⬤ ⬤ ⬤ ⬤

Mi cónyuge es parte de mi equipo; no mi rival a vencer.

⬤ ⬤ ⬤ ⬤ ⬤

La falta de perdón nos separa; el perdón nos une.

⬤ ⬤ ⬤ ⬤ ⬤

Es en la adversidad donde el amor crece. Es asumiendo consciencia de todo lo que hemos logrado cuando el amor nos une.

⬤ ⬤ ⬤ ⬤ ⬤

Decida en su mente y en su corazón que nada ni nadie apagará este amor que les une.

⬤ ⬤ ⬤ ⬤ ⬤

El destino del amor es perdurar para siempre.

⬤ ⬤ ⬤ ⬤ ⬤

La conquista nunca termina, y entra por la vista.

⬤ ⬤ ⬤ ⬤ ⬤

Construya recuerdos que se queden en la mente para siempre.

⬤ ⬤ ⬤ ⬤ ⬤

Las relaciones crecen a partir de la confianza, la amistad y la intimidad.

• • • • •

Insista en amar. Esto implica inspirar respeto, confianza y afirmación.

• • • • •

Es la reacción en medio de la discusión la que puede construir o destruir la relación.

• • • • •

Comunicarse con tacto, prudencia, y de forma directa es una buena receta para todo matrimonio.

• • • • •

Las emociones alteradas producen pensamientos distorsionados.

• • • • •

Es más gratificante llegar a un acuerdo que ganar una discusión.

• • • • •

Es mejor amar que rechazar.

• • • • •

La verdadera riqueza tiene que ver con la capacidad de disfrutar las oportunidades que Dios nos ha dado.

• • • • •

Nuestra capacidad de amar es proporcional a nuestra capacidad de disfrutar.

• • • • •

El amor es más real cuando nos aceptamos y nos disculpamos mutuamente, en lugar de idealizarnos.

• • • • •

El perdón trae paz al corazón, aclara los pensamientos y nos ayuda a ordenar nuestras emociones.

• • • • •

El matrimonio es el mejor escenario para aprender a amar, donde el carácter es pulido, la humildad es probada y el perdón nos reconcilia.

• • • • •

El perdón es el mejor puente para volvernos a unir.

• • • • •

El perdonar no tiene que ver con lo que nos hicieron en el pasado, sino con la libertad que queremos tener en el futuro.

• • • • •

El perdón no nace del sentimiento; brota de la voluntad.

• • • • •

Hable para dejar ir y no para volver a vivir. Exprese para liberar y no para retener. Cierre con perdón el ciclo del dolor, y abra sin rencor un nuevo capítulo de amor.

• • • • •

Debemos tender puentes para acortar las distancias que nos separan de los que más amamos.

• • • • •

El amor nace como un sentimiento, lo alimentan la relación y los límites, y se sostiene en el tiempo por el compromiso del matrimonio.

• • • • •

Cuando seamos capaces de vivir en paz con nosotros mismos, seremos capaces de vivir en paz con los que nos rodean.

• • • • •

El perdón nos permite dejar ir lo que ya no existe, lo que se marchó y todos sabemos que no regresará.

• • • • •

El perdón nos libera, nos pone de pie, y nos
hace caminar y volver a intentarlo.

• • • • •

El mejor camino para sanar las heridas del alma es el amor.

• • • • •

Cuando el amor ha sanado las heridas del alma, ya
no es necesario ir al pasado para volver a llorar.

• • • • •

El amor no solo sana el alma herida, sino también despierta sueños que se encontraban dormidos.

• • • • •

La vida es para vivirse teniendo conexiones profundas con las personas que tenemos cerca.

• • • • •

Es el amor lo que nos indica que estamos vivos, que la
vida tiene sentido y nos brinda razones para vivir.

• • • • •

Si no lloramos por amor, no hemos descubierto lo que significa estar vivo.

• • • • •

Cuando la voluntad conduce al amor, este se extiende en el tiempo, crece, madura, y se consolida.

• • • • •

La conquista es la habilidad de cuidar los detalles, y hacer lo que
sea por agradar a la otra persona. Tiene como consecuencia que el
amor crece, se fortalece y mantiene viva la ilusión entre ambos.

• • • • •

La admiración genera respeto; el respeto, aceptación; la aceptación, comprensión; y la comprensión, una agradable convivencia.

• • • • •

El compromiso es el fundamento que sostiene el amor porque provee la seguridad y estabilidad necesarias para la convivencia.

• • • • •

El amor no es solo algo que sucede; es algo que se decide. Las emociones vienen y van, pero el compromiso nos garantiza que este amor nunca dejará de ser.

• • • • •

El amor es el arte de caminar juntos en una misma dirección.

• • • • •

El amor es carácter más que sentimiento, voluntad más que emoción.

• • • • •

Cuando el amor es mayor que las riquezas temporales, que el trabajo o los compañeros, sabemos que nuestra relación es para toda la vida.

• • • • •

El matrimonio va bien cuando hemos pasado de la idealización a la realidad, porque amar significa aceptar a la otra persona tal cual es.